objetivo DELE

A2

Nueva edición

Celia Díaz
Piedad Zurita

objetivo DELE

A2

Nueva edición

Celia Díaz
Piedad Zurita

ele
Español Lengua Extranjera

SGEL

Primera edición, 2020

Produce: SGEL – Educación
Avda. Valdelaparra, 29
28108 Alcobendas (MADRID)

Director editorial: Javier Lahuerta
Coordinación editorial: Jaime Corpas
Edición: Belén Cabal
Corrección: Ana Sánchez Urquijo
Diseño de cubierta: Thomas Hoermann
Diseño de interior y maquetación: Leticia Delgado
Imágenes:
Pág. 18, foto B (Tyk - Wikipedia). Resto, Shutterstock, de las cuales solo para uso editorial: pág. 18, foto A (trabantos/Shutterstock.com); pág. 21, foto 5C (Anton Ivanov/Shutterstock.com); pág. 36, foto A (GranTotufo/Shutterstock.com) y foto C (Marc Venema/Shutterstock.com); pág. 39, foto 6B (Tupungato/Shutterstock.com) y foto 6C (Kiev.Victor/Shutterstock.com); pág. 62, izquierda (Art Konovalov/Shutterstock.com); pág. 67 (ValeStock/Shutterstock.com); pág. 74, foto 1A (Vivvi Smak/Shutterstock.com) y foto 1C (Maxim Apryatin/Shutterstock.com); pág. 85 (Valeri Potapova/Shutterstock.com); pág. 90, foto B (Eduardo Camilo/Shutterstock.com); pág. 93, foto 4B (joserpizarro/Shutterstock.com); pág. 98, derecha (Iakov Filimonov/Shutterstock.com); pág. 98, izquierda (Victor Torres/Shutterstock.com); pág. 99 (Philiph Lange/Shutterstock.com); pág. 110, foto 1C (Darkdiamond67/Shutterstock.com); pág. 116, derecha (Ferenc Szelepcsenyi/Shutterstock.com); pág. 116, izquierda (mimohe/Shutterstock.com).

Para cumplir con la función educativa de este libro se han empleado también algunas imágenes procedentes de internet.

ISBN: 978-84-17730-06-2
Depósito legal: M-5161-2020
Printed in Spain – Impreso en España

Impresión: Marbán Libros, S. L.

Índice

Introducción

Objetivo *DELE A2* está concebido como un ejercicio práctico para la preparación del examen DELE A2. Para ello incluimos, además de una serie de consejos y descripción de las pruebas y tareas, seis exámenes que reproducen el modelo presentado por el Instituto Cervantes para las convocatorias de obtención del *Diploma de español como lengua extranjera* en este nivel A2 de dominio básico de la lengua. Esta nueva edición responde a la reciente revisión de los exámenes DELE A2 realizada por el Instituto Cervantes y a la consiguiente adaptación de los exámenes del libro al nuevo formato de examen en este nivel.

ESTRUCTURA DEL LIBRO

El libro consta de una **primera parte** donde se ofrece una explicación de la estructura del examen, del tiempo de que consta cada prueba, de la puntuación de cada una de ellas, de la calificación necesaria para obtener el diploma A2, y de una serie de **consejos** para llevarlas a cabo con éxito.

Tras estos consejos, presentamos **seis exámenes completos** a modo de unidades temáticas, aunque esto no ocurre en el examen DELE A2, ya que no está elaborado de acuerdo con un área temática, sino que cada apartado es variado en cuanto al campo léxico se refiere. Sin embargo, nosotros hemos seguido un tema central aunque aparecen algunos secundarios. Para la confección de estos exámenes hemos utilizado principalmente material real pero, claro está, en ocasiones hemos tenido que adaptarlo al nivel A2.

Examen 1: Viajes y aficiones
Examen 2: Vivienda y convivencia
Examen 3: Estudios y trabajo
Examen 4: Compras y ocio
Examen 5: Ciudades y personas
Examen 6: Fiestas y cultura

Tras cada uno de los exámenes se encuentran **las claves** de todas las tareas que así lo requieren. Todas ellas aportan las soluciones reproduciendo la parte del texto, ya sea de la prueba escrita o de la prueba oral donde aparecen. La aclaración de las respuestas sirve de ayuda para las personas que deciden preparar el examen de manera autónoma.

Al final del libro hay un apartado donde aparecen todas las **transcripciones** de los textos que se han escuchado, algo que resulta muy útil para poder comprobar si lo que se ha entendido es lo que realmente se ha dicho.

El libro va acompañado de un CD audio con todas las grabaciones de la prueba de comprensión auditiva de cada examen.

Objetivo DELE A2 puede usarse de forma autónoma, como ya hemos mencionado antes, y es también un manual para el profesor, que puede realizar la simulación de pruebas reales para ayudar al estudiante a preparar el examen correctamente. Esta nueva edición responde a la reciente revisión de los exámenes DELE A2 realizada por el Instituto Cervantes y a la consiguiente adaptación de los exámenes del libro al nuevo formato de examen en este nivel.

EL EXAMEN *DELE A2*

El Diploma de español nivel A2 acredita la capacidad del usuario de la lengua para:

- comprender y utilizar expresiones cotidianas de uso frecuente (información básica sobre sí mismo y sobre su familia, compras y lugares de interés, ocupaciones, etc.);
- realizar intercambios comunicativos sencillos y directos sobre aspectos conocidos o habituales;
- describir en términos sencillos aspectos de su pasado y de su entorno;
- satisfacer cuestiones relacionadas con sus necesidades inmediatas.

Los contenidos lingüísticos de este examen A2 son los que se encuentran en el documento *Niveles de referencia para el español,* en este caso el de nivel A2, desarrollado por el Instituto Cervantes.
Para conseguir un buen resultado en el examen, el alumno solo tiene que dominar estos contenidos y practicar con los exámenes que se ofrecen en este libro.

ESTRUCTURA DEL EXAMEN *DELE A2*

Prueba 1: Comprensión de lectura
60 minutos
4 tareas
25 ítems
Prueba 2: Comprensión auditiva
40 minutos
4 tareas
25 ítems

Prueba 3: Expresión e interacción escritas
45 minutos
2 tareas
Prueba 4: Expresión e interacción orales
12 minutos
(Preparación: 12 minutos)
3 tareas

CALIFICACIÓN DEL EXAMEN

La puntuación máxima es de 100 puntos.
El examen se divide en dos grupos:
Grupo I
Comprensión de lectura: máximo 25 puntos
Expresión e interacción escritas: 25 puntos
Grupo II
Comprensión auditiva: máximo 25 puntos
Expresión e interacciones orales: 25 puntos

La calificación global es "Apto" o "No apto". Para obtener "Apto" es necesario obtener un mínimo de 30 puntos en cada uno de los dos grupos.

DESCRIPCIÓN GENERAL DE LAS PRUEBAS Y ALGUNOS CONSEJOS

Te presentamos una serie de consejos para cada una de las diferentes pruebas para ayudarte a resolverlas con mayor facilidad. Algo muy importante, y que no debes olvidar, es estar tranquilo y poner toda tu concentración en lo que lees o en lo que escuchas.
Seguro que ya has hecho muchísimas lecturas y audiciones, entonces, tienes que usar todas las estrategias y recursos que has aprendido y no perder de vista el tiempo de realización.

1. LA PRUEBA DE COMPRENSIÓN DE LECTURA

Los textos de lectura son, en muchos casos, auténticos y en otros adaptados al nivel A2. Los textos de esta prueba tienen una extensión aproximada de 2000 palabras.

En el examen real dispondrás de una **Hoja de respuestas** separada en la que deberás marcar la casilla correspondiente al número de la pregunta de cada prueba. Sin embargo, en *Objetivo DELE A2* puedes marcar las respuestas en el propio libro o en tu cuaderno.

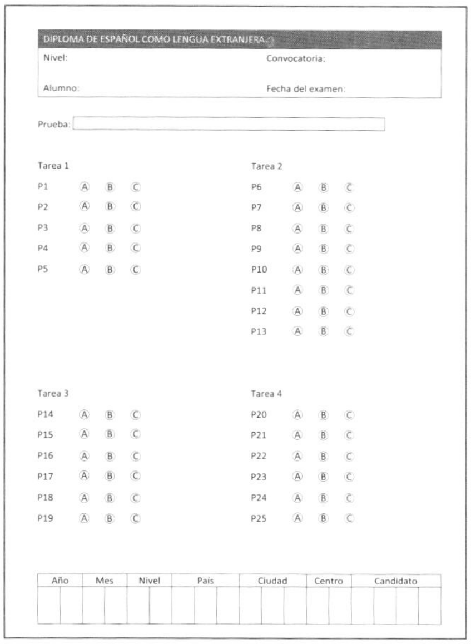
DIPLOMA DE ESPAÑOL COMO LENGUA EXTRANJERA
Nivel: Convocatoria:
Alumno: Fecha del examen:
Prueba:

Tarea 1		Tarea 2	
P1	A B C	P6	A B C
P2	A B C	P7	A B C
P3	A B C	P8	A B C
P4	A B C	P9	A B C
P5	A B C	P10	A B C
		P11	A B C
		P12	A B C
		P13	A B C

Tarea 3		Tarea 4	
P14	A B C	P20	A B C
P15	A B C	P21	A B C
P16	A B C	P22	A B C
P17	A B C	P23	A B C
P18	A B C	P24	A B C
P19	A B C	P25	A B C

Año	Mes	Nivel	País	Ciudad	Centro	Candidato

Las respuestas correctas reciben 1 punto y las incorrectas 0 puntos. No se penalizan las respuestas incorrectas.

En el examen real la prueba de Comprensión de lectura se presenta junto con la prueba de Comprensión auditiva en un único **cuadernillo** donde aparecen los textos y las preguntas.

Descripción de las tareas

Tarea 1

- **Tipo de texto:** en el examen suele tratarse de textos básicos (cartas, correos electrónicos o faxes). En este libro hemos incluido correos electrónicos en los que, del mismo modo que en el examen, se incluyen presentaciones, agradecimientos, excusas, invitaciones, experiencias, solicitud de información, acuses de recibo, etc.
- **Formato de la tarea:** consiste en leer un texto y contestar a las cinco preguntas de selección múltiple, eligiendo una de las tres opciones de respuesta.
- **Evaluación:** evalúa tu capacidad para extraer la idea principal e identificar información específica de uso habitual y trata aspectos prácticos de la vida cotidiana.

Tarea 2

- **Tipo de textos:** textos extraídos y/o adaptados de material informativo o promocional: artículos muy breves y sencillos de revistas o periódicos, anuncios o avisos, por ejemplo, de actos y acontecimientos, convocatorias, folletos y anuncios publicitarios, blogs y foros de internet.
- **Formato de la tarea:** consiste en leer ocho textos y contestar a ocho preguntas, una por texto, eligiendo una de las tres opciones de respuesta.
- **Evaluación:** evalúa tu capacidad para extraer las ideas principales e identificar información precisa sobre temas habituales.

Tarea 3

- **Tipo de textos:** textos en línea o en papel que contienen carteleras de espectáculos, guías urbanas o de ocio, folletos y catálogos informativos o publicitarios, información turística, inmobiliaria, productos de consumo habitual, etc., información meteorológica, horóscopos, cartas y menús de restaurantes, recetas de cocina, programaciones de radio y televisión, ofertas de trabajo, etc.
- **Formato de la tarea:** consiste en leer tres textos y relacionarlos con seis enunciados o preguntas.
- **Evaluación:** evalúa tu capacidad para extraer información específica y predecible contenida en material escrito de uso habitual de tipo informativo o descriptivo de uso habitual.

Tarea 4

- **Tipo de textos:** reseñas biográficas sobre autores, personajes de actualidad en todo tipo de publicaciones: diarios, entradas de blog, cuentos, noticias de actualidad de periódicos y revistas en línea o en papel, etc.
- **Formato de la tarea:** consiste en leer un texto y contestar a seis preguntas de selección múltiple, eligiendo una de las tres opciones de respuesta.
- **Evaluación:** evalúa tu capacidad para extraer la idea general y las ideas esenciales de narraciones breves y sencillas o biografías y para identificar los cambios de tema en textos narrativos breves y sencillos.

Consejos para la realización de la comprensión de lectura:

Lee bien primero los enunciados de las pruebas y después lee los textos.
En las pruebas de elección múltiple, las preguntas aparecen normalmente en el mismo orden que en el texto, así que lee el texto completo dos veces y luego ve leyendo párrafo por párrafo contestando a las preguntas.
Puedes ir subrayando la información que te piden en cada uno de los textos y después mira cuál es el que corresponde al enunciado, o cuál es la respuesta exacta de la elección múltiple.
No olvides ajustarte al tiempo. Es preferible no dedicar demasiado a una solución que te está dando muchos problemas y pasar a las siguientes respuestas para contestar correctamente al máximo número de ellas.

2. LA PRUEBA DE COMPRENSIÓN AUDITIVA

La prueba consta de cuatro tareas.
Los textos están grabados en un estudio y simulan el lenguaje hablado real. Los textos orales son auténticos, adaptados cuando es necesario.
En este nivel la pronunciación es la estándar, el ritmo discursivo es un poco lento y la gramática y el vocabulario están adaptados al conocimiento del estudiante.
En el examen real dispondrás de una **Hoja de respuestas** separada en la que deberás marcar la casilla correspondiente al número de la pregunta de cada prueba. Sin embargo, en *Objetivo DELE A2* puedes marcar las respuestas en el propio libro o en tu cuaderno.
Las respuestas correctas reciben 1 punto y las incorrectas 0 puntos. No se penalizan las respuestas incorrectas.
En el examen real la prueba de Comprensión auditiva se presenta junto con la prueba de Comprensión de lectura en un único **cuadernillo** donde aparecen la instrucción y las preguntas.

Descripción de las tareas

Tarea 1

- **Tipo de textos:** conversaciones de carácter informal: diálogos informales, sencillos y rutinarios sobre actividades cotidianas, tiempo libre, gustos e intereses, e intercambios transaccionales básicos en tiendas, restaurantes, estaciones, etc.

- **Formato de la tarea:** consiste en escuchar seis conversaciones y contestar a seis preguntas con tres opciones-imágenes de respuesta cada una.
- **Evaluación:** evalúa tu capacidad auditiva para comprender las ideas principales de conversaciones informales breves.

Tarea 2

- **Tipo de texto:** titulares o cortes radiofónicos breves: anuncios publicitarios, información sobre eventos o acontecimientos como estrenos, periodo de ofertas, convocatorias, etc.
- **Formato de la tarea:** consiste en escuchar seis mensajes breves y responder a seis preguntas con tres opciones de repuesta cada una.
- **Evaluación:** evalúa tu capacidad auditiva para captar la idea general en noticias radiofónicas o fragmentos breves y sencillos.

Tarea 3

- **Tipo de textos:** conversaciones entre dos personas para intercambiar información personal sencillas o sobre aspectos relevantes de la vida cotidiana (actividad académica o profesional, lugar de residencia o empleo, actividades cotidianas o planes y proyectos inmediatos, sugerencias o citas...).
- **Formato de la tarea:** consiste en escuchar una conversación y relacionar seis enunciados sencillos con la persona a la que corresponden (hombre, mujer o ninguno de los dos).
- **Evaluación:** evalúa tu capacidad para reconocer las ideas principales y la información específica en conversaciones informales sobre aspectos de la vida cotidiana.

Tarea 4

- **Tipo de textos:** avisos, instrucciones o material publicitario o promocional, grabado o emitido por megafonía o radio, en centros comerciales o estaciones de transporte, locales públicos, etc., (información horaria, advertencias sobre retrasos o precauciones de seguridad, etc.) o mensajes de contestadores automáticos (citas, avisos, peticiones...) breves y sencillos.
- **Formato de la tarea:** consiste en escuchar ocho mensajes y relacionarlos con ocho enunciados sencillos.
- **Evaluación:** evalúa tu capacidad para extraer la información esencial contenida en material grabado o de megafonía con asuntos prácticos de la vida cotidiana.

Consejos para la realización de la prueba de comprensión auditiva:

Pon toda tu atención y concéntrate al máximo para comprender el audio de forma global.
En las pruebas en que aparecen enunciados, primero léelos bien y después escucha los textos.
En las pruebas de elección múltiple, las preguntas aparecen normalmente en el mismo orden que en el texto, así que escucha el texto completo las dos veces con toda tu atención.
Puedes ir subrayando la información que te piden en cada uno de los textos y después mira cuál es el que corresponde al enunciado, o cuál es la respuesta exacta de la elección múltiple.
No olvides ajustarte al tiempo. Es preferible no dedicar demasiado a una solución que te está dando muchos problemas y pasar a las siguientes respuestas para contestar correctamente al máximo número de ellas.

3. LA PRUEBA DE EXPRESIÓN E INTERACCIÓN ESCRITAS

La prueba consta de dos tareas: una de interacción y otra de expresión (con dos opciones para elegir una). En el examen real, el candidato debe escribir los textos que se le piden en el espacio reservado para cada tarea en el cuadernillo correspondiente. En nuestro caso, te recomendamos que utilices un cuaderno. Hay que escribir entre 60-70 palabras en la Tarea 1 y entre 70-80 en la Tarea 2.

Descripción de las tareas

Tarea 1

- **Tipo de textos:** textos epistolares (postal, carta, nota o correo electrónico) con información sobre el entorno personal y asuntos cotidianos.
- **Formato de la tarea:** consiste en redactar una nota, postal, mensaje, correo electrónico o carta breve en respuesta a un texto. Las instrucciones de la tarea incluyen unas pautas claras que hay que seguir para redactar el texto.
  La extensión debe ser entre 60-70 palabras.
- **Evaluación:** evalúa tu capacidad para intercambiar por escrito información sobre el entorno personal y asuntos cotidianos como gustos, hábitos, experiencias de trabajo o estudios, condiciones de vida o estado general de las cosas, etc.

Tarea 2

- **Tipo de textos:** descripciones, narraciones, notas de un diario, biografías reales o imaginarias.
- **Formato de la tarea:** redactar una composición breve (descripción, narración, exposición de gustos...) eligiendo una de las dos opciones que se ofrecen:
  Opción 1: Texto sobre un tema cotidiano de la vida personal.
  Opción 2: Texto biográfico o narrativo a partir de fotos o datos.
  Las instrucciones de la tarea incluyen unas pautas claras que hay que seguir para redactar el texto.
  La extensión debe ser entre 70-80 palabras.
- **Evaluación:** se evalúa tu capacidad para redactar con oraciones enlazadas textos sobre aspectos cotidianos del entorno inmediato (personas, lugares, experiencias de estudio o trabajo) y descripciones básicas de hechos, actividades pasadas y experiencias personales.

Consejos generales para la prueba de Expresión e interacción escritas:

Es muy importante hacer esta prueba varias veces antes del examen.
Lee bien todas las instrucciones.
Prepara un borrador si quieres.
Cuenta bien las palabras y controla el tiempo.
Ajústate al tipo de texto que se te pide: correo electrónico, anuncio, notas... y sigue su estructura. Así, si se trata de una biografía, recuerda cómo debes usar los tiempos del pasado: el pretérito imperfecto para las descripciones y acciones habituales del pasado, el pretérito indefinido para hablar de acciones únicas del pasado, y el pretérito perfecto cuando la acción es pasada pero está dentro de una unidad de tiempo que no ha terminado en el momento en que se habla.
Revisa la ortografía y la gramática antes de entregar el examen.

4. LA PRUEBA DE EXPRESIÓN E INTERACCIÓN ORALES

La prueba consta de tres tareas: dos de expresión y una de interacción.
El candidato dispone de 12 minutos de preparación previa para las tareas 1, 2 y 3 en los que puede tomar notas y escribir un borrador para consultar durante la prueba. Al inicio de la prueba se realizan una serie de preguntas de contacto que tienen como objetivo romper el hielo. En la sala donde se realiza la prueba hay dos exami-

nadores: un examinador actúa como entrevistador e interlocutor y gestiona la interacción mediante preguntas para facilitar el desarrollo de las tareas y otro actúa como calificador y no interviene en el desarrollo de las tareas.

Descripción de las tareas:

Tarea 1

- **Advertencia:** aunque en nuestros exámenes solo presentamos un tema, en la prueba del día del examen hay dos opciones.
- **Tipo de textos:** lámina con instrucciones para realizar la tarea y un esquema de los aspectos del tema para incluir en la presentación.
- **Formato de la tarea:** consiste en un monólogo sostenido breve, previamente preparado, a partir de un tema que el candidato elige entre dos opciones dadas. Importante: en los modelos de examen solo presentamos un tema, es decir no hay dos opciones.
  Las instrucciones sobre la tarea son siempre muy claras.
- **Evaluación:** evalúa tu capacidad para realizar una presentación oral breve y ensayada en la que se describen, en términos sencillos, aspectos y experiencias de tu vida cotidiana en relación con un tema concreto.
- **Consejos:**

Recuerda que el examinador del examen DELE A2 va a tener en cuenta cuatro aspectos fundamentales de tu discurso oral:

1. la fluidez; 2. el dominio de la gramática y del léxico; 3 la pronunciación; 4. el contenido.

Por eso:

Ajusta tu discurso a lo que se te pide.
No hables rápido.
Intenta pronunciar con la mayor claridad posible.
Piensa lo que vas a decir y si estás un poco nervioso procura no demostrarlo.
Utiliza estructuras y palabras que conoces bien.
Puedes autocorregirte, no se considera un fallo, todo lo contrario.
Habla de forma coherente.
Controla el tiempo que tienes para la prueba.

Tarea 2

- **Advertencia:** aunque en nuestros exámenes solo presentamos una fotografía, en la prueba del día del examen hay dos fotos para elegir una.
- **Tipo de textos:** fotografía que refleja una situación de la vida cotidiana e indicaciones sobre el contenido de la descripción.
- **Formato de la tarea:** consiste en un monólogo sostenido breve, previamente ensayado, a partir de una fotografía. Las instrucciones sobre la tarea son siempre muy claras.
- **Evaluación:** evalúa tu capacidad para describir lo que ves.
- **Consejos:**

Practica con diferentes fotografías sobre escenas de la vida cotidiana y contesta a todas las preguntas que se incluyen en las pautas para la descripción porque contienen todos los aspectos importantes que va a tener en cuenta el examinador el día del examen.

Tarea 3

- **Tipo de textos:** fotografía de la tarea 2 e indicaciones sobre el contenido y desarrollo de la conversación.
- **Formato de la tarea:** consiste en una conversación, previamente planificada, con el examinador en una situación simulada, a partir de la fotografía descrita en la tarea 2.
- **Evaluación:** evalúa tu capacidad para participar en conversaciones informales de tipo cotidiano. Intercambios sencillos y directos de información, opiniones y puntos de vista, gustos, deseos y preferencias, planes, experiencias, sugerencias y propuestas, etc.
- **Consejos:**

Sigue bien las instrucciones propuestas.

Escucha bien las preguntas del entrevistador. Si alguna vez no le entiendes, no te pongas nervioso y dile: "Perdone, ¿puede repetir, por favor?".

Procura no hablar rápido e intenta pronunciar con claridad.

Si te das cuenta de que te has equivocado, tranquilo, la autocorrección está bien considerada. Recuerda que el entrevistador siempre quiere ayudarte.

Hemos llegado al final de esta **Introducción**. Recuerda que el control del tiempo es importantísimo en este tipo de exámenes. Ahora ya puedes empezar a trabajar con las pruebas. Te deseamos mucha suerte.

Advertencia: En los exámenes el tratamiento no es de 'tú' (como en esta Introducción) sino de 'usted'.

EXAMEN 1
Viajes y aficiones

PRUEBA 1 COMPRENSIÓN DE LECTURA

Duración de la prueba: **60 minutos**
Número de tareas: **4**
Número de preguntas: **25**

Tarea 1

Instrucciones:

Usted va a leer el correo electrónico que Jorge ha escrito a su amigo Fernando. A continuación, conteste a las preguntas (de la 1 a la 5). Seleccione la opción correcta (A, B o C).

¡Fernando, hola!
¿Qué tal va todo por Ciudad Real?
Mira, te escribo porque he pensado que podemos hacer un viaje todos los amigos (Javi, Antonio, Lucas, Paco, Pedro, Luis, tú y yo) a Asturias este verano. Creo que el mejor momento es en julio, después de los últimos exámenes, porque en agosto ya tenemos que buscar trabajo. He pensado en Asturias porque lo tiene todo: mar, montaña, arte y una comida estupenda. ¿Qué te parece?
Para viajar juntos podemos quedar en Madrid. Javi tiene coche y yo también, así es que podemos viajar los ocho. Si estamos quince días podemos pasar unos días en la montaña, en los Picos de Europa, y otros en las playas, además de visitar Covadonga, Cangas de Onís, Oviedo y Gijón.
Mi tía Mariana, hermana de mi madre, tiene una casa muy bonita en Llanes y me ha dicho que nos la deja gratis del 7 al 12 de julio con dos condiciones. La primera es que tenemos que llevar nuestras propias sábanas y toallas. La segunda, que tenemos que dejar la casa completamente limpia el día 12 porque ella llega con su familia el día 15.
¿Qué hacemos los otros días? ¿Intentamos alquilar una casa rural por los Picos de Europa y desde allí hacemos excursiones?
Te he escrito primero a ti para ver si entre los dos conseguimos organizarlo todo y así les damos a los otros el plan del viaje hecho. Podemos hacer senderismo y natación, que a todos nos encanta y además son dos actividades gratuitas.
¿Qué tal Elena por Alemania? Imagino que tienes muchísimas ganas de verla, pero ya falta poco.
Venga, contéstame rápido.
Jorge

PREGUNTAS

1. Jorge escribe a Fernando para...
- ☐ A) saber cuándo tiene los exámenes.
- ☐ B) organizar unas vacaciones.
- ☐ C) saber si ya tiene trabajo.

2. Jorge propone un viaje en julio...
- ☐ A) porque los exámenes finales terminan un poco antes.
- ☐ B) porque hace muy buen tiempo.
- ☐ C) porque tienen mucha prisa.

3. Jorge le comunica a Fernando...
- ☐ A) que van a practicar alpinismo.
- ☐ B) que tienen alojamiento gratis durante unos días.
- ☐ C) que quiere ir a un hotel en la costa de Asturias.

4. Jorge le cuenta a Fernando que...
- ☐ A) ha suspendido todas las actividades para estudiar.
- ☐ B) quiere organizar el plan del viaje con él.
- ☐ C) ya ha alquilado una casa rural en los Picos de Europa.

5. Jorge, en la despedida...
- ☐ A) le pide noticias de los amigos.
- ☐ B) le pregunta sobre su tía materna.
- ☐ C) le anima porque pronto va a ver a alguien.

Tarea 2 **Instrucciones:**

Usted va a leer ocho anuncios en el tablón de su escuela de español para extranjeros. A continuación, responda a las preguntas (de la 6 a la 13). Seleccione la opción correcta (A, B o C).

EJEMPLO

TEXTO 0

CENA FIN DE CURSO

Terminamos... y **¡¡la cena de fin de curso ya está organizada!!**
Apúntate ya para reservar antes del 14 de marzo.
Una cita que va a ser inolvidable en **La Alberca,** Paseo de Ronda, 53: día 22, a las 20:30 h.
No olvides la cámara de fotos y avisar a tus compañeros porque... la noche va a ser larga...
y ¡¡con muchas sorpresas!!
Confirma tu asistencia en el teléfono 648093216 **(Javier Martín, Aula E-5)**

0. Según el anuncio, la cena...

- [x] A) va a ser un buen recuerdo.
- [ ] B) se celebra el 14 de marzo.
- [ ] C) hay que reservarla en el Aula E-5.

La opción correcta es **A** porque va a ser una cita para no olvidar.

TEXTO 1

Clases de cocina

Te enseñamos a desenvolverte en la cocina y a preparar platos básicos de nuestra dieta mediterránea. Te damos los conocimientos técnicos necesarios y así puedes hacer lo que has aprendido en las clases. Además, aquí vas a conocer gente en un ambiente divertido y relajado. *Escuela de cocina Pan con aceite.* En la calle Lope de Vega 25, bajo.

¡TE ESPERAMOS! Precio **10 euros**

6. En las clases de cocina...

- [ ] A) no vas a pagar por aprender.
- [ ] B) vas a envolver los platos hechos para llevarlos a casa.
- [ ] C) te van a enseñar a hacer varios platos.

TEXTO 2

Excursión al río Chíllar

Salida de la escuela el **sábado 28** a las 7:30 de la mañana.
Parada en Nerja y desayuno.
A las 9:00 empezamos la travesía del río.
Recomendaciones. Hay que llevar:
- comida y bebida para el día. Esta ruta dura unas 6 horas entre ida y vuelta, a ritmo normal y descansando.
- zapatillas de deporte (dos pares).
- crema con protección solar y gorra.

De 15:00 a 17:00 visita a Nerja. A las 17:00 regreso a Málaga.
Parada en la escuela. **Precio 12 euros**

7. En la excursión...

- [ ] A) hay que llevar calzado adecuado.
- [ ] B) la comida está incluida en el precio.
- [ ] C) solo se hace la travesía acuática.

TEXTO 3

VISITAS NOCTURNAS

El Jardín Botánico-Histórico La Concepción celebra épocas especiales del año organizando visitas nocturnas temáticas. Además, cualquier asociación o grupo puede reservar su propia visita guiada nocturna exclusiva.
Para más información y reservas puede llamar al 951 92 61 80. También puede inscribirse en nuestro boletín de noticias infojbotanicomalaga@gmail.com

8. Las visitas nocturnas del Jardín Botánico-Histórico La Concepción...

- [ ] A) se celebran a lo largo de todo el año.
- [ ] B) las puedes reservar en exclusiva para un grupo de amigos.
- [ ] C) solo pueden realizarlas las personas inscritas en su boletín.

TEXTO 4

Visita al Museo del vidrio y cristal

Información sobre el museo: Está situado en una gran casa del siglo XVIII, cuidadosamente restaurada, donde podemos recorrer la historia de la humanidad a través del cristal. El museo contiene piezas de cristal desde el siglo V a.C. del Mediterráneo oriental, y a partir de los siglos XVI y XVII podemos ver cristal y objetos de muchísimos países.
Lugar de encuentro: Plaza de la Merced.
Día: miércoles 18. Hora: 16:00.
Los estudiantes van a ir acompañados por dos profesores de la escuela.
Precio: 2 €.

9. El museo...

- [ ] A) abrió sus puertas en el siglo XVIII.
- [ ] B) muestra obras de varios siglos.
- [ ] C) se encuentra en la Plaza de la Merced.

TEXTO 5

Tercer concurso de fotografía de nuestra escuela

La inscripción puede realizarse entre los días 7 y 24 de abril en la página web de nuestra escuela y los premios se entregan el día 27 en el salón de actos. Las fotografías tienen que ser inéditas y no se admiten collages, montajes, fotografías pintadas, ni fotografías manipuladas. Cada concursante puede presentar un máximo de tres fotografías. El primer premio es de 100 euros, el segundo de 50 y el tercero de 20 euros. El jurado está compuesto por tres profesores, dos conserjes y tres estudiantes.

10. Para participar en el concurso...

- [ ] A) es necesario pasarse por la escuela.
- [ ] B) hay que presentar tres fotografías.
- [ ] C) no se pueden retocar las fotografías.

TEXTO 6

¿TE GUSTA CANTAR? ¿POR QUÉ NO TE APUNTAS A NUESTRO CORO?
Si te gusta cantar pero no encuentras dónde hacerlo, este es tu coro. Y si te gustan los idiomas, con nosotros puedes practicarlos de una manera fácil y divertida. Anímate, prueba y si te gusta, ¡únete a nosotros!
Y algo muy importante es que no hay que tener ningún conocimiento de música ni de canto.
Próxima reunión el jueves 26 a las 18:00 en el salón de actos del Instituto Vicente Espinel. Te esperamos.

11. Este anuncio tiene la finalidad de...

- [ ] A) buscar a gente con las mejores voces para el coro.
- [ ] B) animar a participar a gente con varios idiomas.
- [ ] C) animar a participar a gente sin conocimientos musicales previos.

TEXTO 7

Busco prácticas de monitora de tiempo libre
Hola, soy una chica de 19 años. He terminado la parte teórica del curso de monitor de tiempo libre este año y estoy buscando un campamento de verano para realizar las prácticas.
Laura: 627 67 44 04
lauramonitoratlibre@gmail.com

12. El anuncio es para...

- [ ] A) contactar con compañeros de estudios.
- [ ] B) ir de vacaciones a un camping.
- [ ] C) hacer la práctica de un curso.

TEXTO 8

ORGANIZACIÓN EL BOSQUE

Se recuerda a todos los alumnos que sigue abierto el plazo para el taller de pintura los días 14, 15 y 16 de abril con motivo de los días no escolares. El precio por día es de 10 € (incluye el material) y el de los tres días 25 €.
Consultas en el teléfono 91 604 95 83
(de 12 a 4 de la tarde)

13. Se puede hacer este curso...

- [ ] A) por 25 euros al día.
- [ ] B) durante tres días.
- [ ] C) hasta las 4 de la tarde.

Tarea 3 **Instrucciones:**

Usted va a tres textos de una guía de museos. Relacione las preguntas (de la 14 a la 19) con los textos (A, B o C).

	A. MUSEO ACUARIO	B. MUSEO DE ARTES	C. CENTRO POMPIDOU
14. En verano, no cierra al mediodía.			
15. El museo no abre dos días en invierno.			
16. Si vas en grupo, es muy barato.			
17. Se puede hacer un curso.			
18. Los sábados se visita solo por la mañana.			
19. Los niños no pagan la visita.			

A. Museo-Acuario

El Museo-Acuario Aula del Mar muestra a los visitantes la riqueza y variedad existente en el Mar de Alborán, sus espacios naturales, sus gentes y tradiciones marineras. Cuenta con más de treinta acuarios. Además, dispone de sala de proyecciones, laboratorio, biblioteca, y salas para realizar talleres temáticos y actividades. **Precio:** - Adultos: 7 euros - Niños y jubilados: 5 euros. **Horario:** Invierno: (15 de sept. al 15 de jun.): Lunes a viernes: 10:00 a 14:30 h y de 16:30 a 18:30 h. Sábados y domingos: 10:30 a 14:30 h y 16:30 a 20:30 h. Verano: (16 de jun. al 14 de sept.): Todos los días, de 10:00 a 20:00 h. Teléfono 952 22 92 87. **Dirección:** Palmeral de las Sorpresas, Muelle 2, Edificio n.º 2. Puerto de Málaga.

B. Museo de Artes

En plena ciudad de Málaga podemos encontrar un lugar para conocer con más detalle cómo era la vida de la Málaga rural y urbana, tanto en su capital como en la provincia, gracias al **Museo de Artes y Costumbres Populares**. **Precio:** - Adultos: 2 Euros - Jubilados: 1 Euro - Grupos: 1 Euro - Niños hasta 14 años: gratuita. **Horario:** De lunes a viernes de 10.00 h a 17.00 h, sábados de 10.00 h a 14.00 h. **Dirección:** Pasillo Santa Isabel, 10, Málaga.

C. Centro Pompidou

El Centro Pompidou. Cubo. Málaga ofrece un recorrido permanente de decenas de obras de la colección del Centre Pompidou, que sumerge al espectador en un recorrido por el arte de los siglos XX y XXI. **Precio:** Combinada: general 9 euros y reducida 5,5 euros. Permanente: general 7 euros y reducida 4 euros. Temporal: general 4 euros y reducida 2,50 euros. **Horario:** Domingo de 15 a 20 h gratis. Horarios: De M a D de 9.30 a 20 h. L, 1 de enero y 25 de diciembre, cerrado. Del 15 de junio al 15 de septiembre: de 11 a 22 h. **Dirección:** Muelle Uno del Puerto. Teléfono: 951 926 200.

Tarea 4 **Instrucciones:**

Usted va a leer un texto sobre una feria de plantas. A continuación, conteste a las preguntas (de la 20 a la 25). Seleccione la opción correcta (A, B o C).

XIII Feria de plantas en Aia

Los días 25 y 26 de abril va a celebrarse la 13.ª Feria de Plantas de Colección en el Jardín Botánico de Iturraran, Aia, Guipúzcoa. A finales de enero han confirmado ya su presencia 47 viveristas, que nos van a presentar sus colecciones de plantas. Durante la Feria se pueden comprar, a precios realmente competitivos, plantas procedentes de los cinco continentes, la mayoría de ellas desconocidas en nuestro país, pero que podemos cultivar fácilmente en jardines y balcones.

La Feria se va a celebrar en el Jardín Botánico de Iturraran, lugar de interés excepcional para botánicos y aficionados a las plantas. El visitante también puede comprar y comer diversos productos locales, así como pasear por el jardín. Los más pequeños tienen una zona para jugar. Este año como novedad se han organizado actividades gratuitas y de aforo limitado:

* 25 de abril, a las 11:30 h: Demostración de Ikebana (arte floral japonés) y visita guiada del Jardín Botánico de Iturraran (a las 11:30 en castellano y a las 12:00 en euskera).

* 26 de abril, 12:00 h: Información sobre las plantas aromáticas y culinarias.

Os animamos a disfrutar de unas horas de placer en uno de los más hermosos espacios naturales del País Vasco. Además, el 26 de abril se van a realizar actividades complementarias en la plaza de Aia: exposición y venta de productos relacionados con las plantas, talleres de Ikebana, etc. También se puede realizar un taller de 11:00 h a 12:30 h. En el taller pueden participar como máximo 20 personas y la tarifa es de 15 euros por persona. La tarifa incluye el taller y el material floral.

(Texto extraído de *www.aiapagoeta.com*)

PREGUNTAS

20. La noticia informa de...
- ☐ A) las plantas aromáticas y culinarias y qué hacer con ellas.
- ☐ B) todo lo que se puede hacer durante la exposición.
- ☐ C) la colección de plantas de 47 viveristas.

21. La Feria está dedicada a las plantas...
- ☐ A) del País Vasco.
- ☐ B) europeas.
- ☐ C) de todo el mundo.

22. Además de conocer las plantas de la Feria...
- ☐ A) se puede comprar y degustar comida.
- ☐ B) se puede cultivar en los jardines del Botánico.
- ☐ C) se puede asistir a clases particulares con los viveristas.

23. Cuando se redacta la noticia...
- ☐ A) todavía no se ha inscrito ningún viverista en la lista.
- ☐ B) se han inscrito ya más de 40 viveristas.
- ☐ C) la lista de viveristas está ya cerrada y es definitiva.

24. Iturraran es...
- ☐ A) un jardín botánico.
- ☐ B) una feria.
- ☐ C) una escuela de botánica.

25. Durante los días de la Feria...
- ☐ A) todas las actividades son gratis.
- ☐ B) solo se paga la visita guiada.
- ☐ C) hay un taller que no es gratis.

PRUEBA 2 COMPRENSIÓN AUDITIVA

Duración de la prueba: **40 minutos**
Número de tareas: **4**
Número de ítems: **25**

Tarea 1

1

Instrucciones:

Usted va a escuchar seis conversaciones. Escuchará cada conversación dos veces. Después, tiene que contestar a las preguntas (de la 1 a la 6). Seleccione la opción correcta (A, B o C).

A continuación va a oír un ejemplo:

0. ¿Qué curso quiere hacer la mujer?

☐ A

☐ B

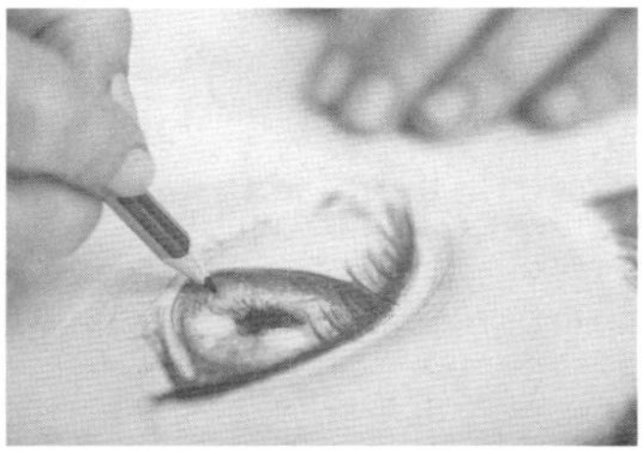

■ C

La opción correcta es la letra **C.** Va a matricularse en el curso de Dibujo.

CONVERSACIÓN 1

1. ¿Qué compró el hombre?

☐ A

☐ B

☐ C

CONVERSACIÓN 2

2. ¿Qué será bueno para la mujer?

☐ A

☐ B

☐ C

CONVERSACIÓN 3

3. ¿Qué no le gusta al hombre?

☐ A

☐ B

☐ C

CONVERSACIÓN 4

4. ¿Cuándo tiene que irse la mujer?

☐ A

☐ B

☐ C

CONVERSACIÓN 5

5. ¿Dónde lleva el taxi a la mujer?

☐ A

☐ B

☐ C

CONVERSACIÓN 6

6. ¿Qué reserva el hombre?

☐ A

☐ B

☐ C

Tarea 2

2

Instrucciones:

Usted va a escuchar seis anuncios de radio y tiene que responder a seis preguntas. Cada audición se repite dos veces. Lea las preguntas (de la 7 a la 12) y seleccione la opción correcta (A, B o C).

A continuación va a oír un ejemplo.

0. En este mensaje publicitario se anuncian...

☐ A) viajes para gente mayor en Navidad.
■ B) dos destinos españoles para viajar en Navidad.
☐ C) unas navidades divertidas en todo el país.

La opción correcta es la letra **B** porque habla de Madrid y Sevilla.

PREGUNTAS

AUDIO 1

7. Este anuncio habla de...

☐ A) un hotel dentro de la ciudad.
☐ B) un hotel en Logroño.
☐ C) un hotel con bonitos paisajes.

AUDIO 2

8. El Balneario ofrece actividades para...

☐ A) ocupar el tiempo de los niños.
☐ B) aconsejar a los padres sobre el juego.
☐ C) practicar deportes con los hijos.

AUDIO 3

9. Según el anuncio...

☐ A) la naturaleza es un relajante natural.
☐ B) hay dos tipos diferentes de pastillas de valeriana.
☐ C) hay que tomar dos pastillas de valeriana Forte para relajarse.

AUDIO 4

10. El centro comercial La Bahía...

☐ A) ofrece grandes descuentos en el supermercado.
☐ B) regala un marco de fotos a todos los clientes.
☐ C) cuenta con una gran variedad de regalos para las madres.

AUDIO 5

11. En este anuncio se ofrecen...

☐ A) clases de inglés en los colegios.
☐ B) clases de inglés en las empresas.
☐ C) clases de inglés a alumnos desde 7 años.

AUDIO 6

12. Este anuncio va dirigido a...

☐ A) personas mayores con poca audición.
☐ B) personas que ya lo han probado todo.
☐ C) personas que necesitan ayuda auditiva.

Tarea 3

Instrucciones:

3

Usted va a escuchar una conversación entre dos amigos, Marta y Álvaro. Indique si los enunciados (del 13 al 18) se refieren a Marta (A), a Álvaro (B) o a ninguno de los dos (C). Escuchará la conversación dos veces.

Ahora tiene 30 segundos para leer los enunciados.

	A. MARTA	B. ÁLVARO	C. NINGUNO DE LOS DOS
0. *Informa sobre un viaje.*	■	□	□
13. Hoy ha tomado dos cafés.	□	□	□
14. Piensa que el hotel es caro.	□	□	□
15. Estuvo en un hotel en la playa.	□	□	□
16. Habla de su trabajo.	□	□	□
17. Le gusta nadar.	□	□	□
18. Propone cenar el jueves.	□	□	□

Tarea 4 4

Instrucciones:

Usted va a escuchar ocho mensajes, incluido el ejemplo. Cada mensaje se repite dos veces. Seleccione el enunciado (de la A a la K) que corresponde a cada mensaje (del 19 al 25). Hay once opciones, incluido el ejemplo. Seleccione siete.

A continuación va a oír un ejemplo.

MENSAJE 0

☐ A ☐ B ■ C ☐ D ☐ E ☐ F ☐ G ☐ H ☐ I ☐ J ☐ K

La opción correcta es la letra **C** porque ya no va a ir a esquiar.

Ahora tiene 45 segundos para leer los enunciados.

ENUNCIADOS

A. Pide dos favores.
B. Hay conciertos todas las semanas.
C. *Cambio de planes para la semana próxima.*
D. La invita a un concierto de rock.
E. Entrega a domicilio.
F. Se disculpan por el retraso.
G. Han llegado los productos.
H. Hay 12 horas de servicio para los clientes.
I. Quieren ir a la boda en tren.
J. La entrada es muy barata.
K. El coche es de color plata.

MENSAJES	ENUNCIADOS
Mensaje 0	**C**
19. Mensaje 1	
20. Mensaje 2	
21. Mensaje 3	
22. Mensaje 4	
23. Mensaje 5	
24. Mensaje 6	
25. Mensaje 7	

PRUEBA 3 EXPRESIÓN E INTERACCIÓN ESCRITAS

Duración de la prueba: **45 minutos**
Número de tareas: **2**

Tarea 1 **Instrucciones:**

Una amiga le escribe para invitarle a una actividad al aire libre.

Mensaje nuevo

Para Cc Cco

Asunto

¡Hola!
Te llamé el otro día, pero es imposible contactar contigo. ¿Cómo vas de trabajo? ¿Tienes mucho esta semana?
Te escribo para preguntarte si vas a venir con el grupo a hacer senderismo el próximo fin de semana. Sé que te gusta caminar y que necesitas relajarte.
No lo pienses mucho y apúntate.
Dame tu respuesta pronto porque tengo que organizar la salida.
Un beso,
Daniela

Enviar

Conteste a su amiga. En el correo tiene que:

- saludar;
- hacerle alguna pregunta personal;
- comentar las tareas que tiene que hacer en la semana;
- decir si puede o no hacer la actividad y por qué;
- despedirse.

Número de palabras recomendadas: **entre 60 y 70.**

Tarea 2 **Instrucciones:**

Elija solo una de las dos opciones. En cada opción tiene que tratar todos los puntos.

OPCIÓN 1

Escriba un texto sobre una excursión que ha hecho con la escuela de español. Hable de:

- qué excursión organizó la escuela;
- a qué hora salieron y cuándo regresaron;
- qué vieron y qué hicieron;
- explicar dónde y qué comieron;
- si le gustó la experiencia y por qué.

OPCIÓN 2

Su amiga le ha enviado unas fotos para el álbum que van a regalar a Ricardo. Son fotos de la vida de Ricardo, de cómo era antes y cómo es ahora.

ANTES AHORA

Usted tiene que escribir un texto para el álbum sobre Ricardo y decir:

- cómo se conocieron;
- cómo era su vida antes;
- cómo es y vive actualmente.

Número de palabras recomendadas: **entre 70 y 80**.

PRUEBA 4 EXPRESIÓN E INTERACCIÓN ORALES

Duración de la prueba: **12 minutos**
Número de tareas: **3**
Preparación: **12 minutos** para preparar las tareas 1, 2 y 3. Puede tomar notas y escribir un borrador de sus respuestas. Durante la prueba, puede consultar sus notas pero no leerlas directamente.

Tarea 1 **Presentación de un tema** durante 2 o 3 minutos. (**Advertencia:** aunque aquí solo se ofrece una opción, en la prueba del día del examen usted debe elegir entre dos temas).

MI PELÍCULA O SERIE FAVORITA

Instrucciones:

Hable de su película o serie favorita. Hable de:

- cuándo y dónde la ha visto; con quién la vio;
- por qué le gusta esa película o serie;
- qué tipo de cine le gusta más;
- si le gusta ir al cine o prefiere otros medios para ver películas.

Tarea 2 **Descripción de una fotografía** durante 2 o 3 minutos. (**Advertencia:** aunque aquí solo se ofrece una opción, en la prueba del día del examen usted debe elegir entre dos fotos).

UNA SESIÓN DE YOGA

Instrucciones:

Hable de la foto elegida durante dos o tres minutos. Usted debe hablar de:

- ¿Cómo son las personas de la foto (físico, personalidad que cree que tienen)? ¿Qué ropa llevan?
- ¿Dónde están esas personas? ¿Qué objetos hay? Describa el lugar.
- ¿Qué están haciendo las personas de la foto?
- ¿Qué relación cree que hay entre ellas?
- ¿Qué cree que piensan, o cómo cree que se sienten, estas personas? ¿Por qué?
- ¿Qué cree que han hecho antes? ¿Y qué van a hacer después?

Tarea 3 **Diálogo en una situación imaginada**, a partir de la fotografía que ha descrito en la tarea 2, durante 3 o 4 minutos.

Instrucciones:

Usted está asistiendo a unas clases de yoga, pero necesita cambiar el horario del curso. El examinador es un empleado del centro. Hable con él siguiendo estas indicaciones.

CANDIDATO

Durante la conversación tiene que:
- informar del curso en el que está matriculado;
- explicar por qué necesita cambiar el horario;
- decir cuándo le interesa ese cambio;
- preguntar si el precio es el mismo.

Ejemplo de preguntas que puede hacer el examinador en la Tarea 3:

PREGUNTAS

Saludar
- Hola, ¿en qué te puedo ayudar?
- ¿Tienes un minuto y hablamos?

Informar sobre el curso actual
- ¿Cuántos días vienes a la semana?
- ¿En qué grupo de yoga estás?

Explicar las razones del cambio de horario
- ¿Y no puedes venir los sábados?
- ¿Prefieres por la noche?

Proponer una fecha para el cambio
- ¿Cuándo te interesa empezar en el nuevo grupo?
- ¿Sería mejor cambiar para el próximo mes?

Preguntar sobre el precio
- ¿Quieres pagar lo mismo?
- ¿Cuánto te cuesta ahora el curso?

Despedirse
- ¿Cuándo puedes traer los documentos?
- ¿Necesitas algo más?

PRUEBA 1 COMPRENSIÓN DE LECTURA

Tarea 1

1. B

"... te escribo porque *he pensado que podemos hacer un viaje todos los amigos...*".

2. A

"Creo que el mejor momento es en *julio, después de los últimos exámenes*".

(En las facultades españolas los exámenes finales suelen ser a finales de junio o a principios de julio).

3. B

"*Mi tía Mariana*, hermana de mi madre, *tiene una casa muy bonita en Llanes* y me ha dicho que *nos la deja gratis* del 7 al 12 de julio".

(*Alojarse* significa vivir temporalmente en un lugar un hotel, un hostal, un apartamento, la casa de algún amigo, etc.).

4. B

"Te he escrito primero a ti para ver si *entre los dos conseguimos organizarlo todo* y así les damos a los otros el plan del viaje hecho".

(*El plan del viaje hecho* significa el plan del viaje organizado).

5. C

"¿Qué tal Elena por Alemania? Imagino que *tienes muchísimas ganas de verla*, pero *ya falta poco*".

(*Ya falta poco* significa que dentro de poco tiempo va a ver a su novia Elena).

Tarea 2

6. C

"*Te enseñamos* a desenvolverte en la cocina y *a preparar platos básicos* de nuestra dieta mediterránea".

(Los platos más conocidos de la dieta mediterránea española son: el gazpacho, el pisto, la paella...).

7. A

"Recomendaciones. *Hay que llevar:*

- comida y bebida para el día. Esta ruta dura unas 6 horas entre ida y vuelta, a ritmo normal y descansando.
- zapatillas de deporte (dos pares)".

(*Calzado* es todo tipo de zapatos, sandalias, zapatillas, alpargatas que se ponen en los pies. El verbo *calzar* se usaba más antes que ahora. Antes se preguntaba ¿Qué número calzas? Calzo un 37. Ahora se dice "tengo un 37").

8. B

"Además, *cualquier* asociación o *grupo puede reservar su propia visita guiada nocturna exclusiva*".

9. B

"El museo *contiene piezas* de cristal *desde el siglo V a.C.* del Mediterráneo oriental, *y a partir de los siglos XVI y XVII* podemos ver cristal y objetos de muchísimos países".

10. C

"Las fotografías tienen que ser inéditas y no se admiten collages, montajes, fotografías pintadas, *ni fotografías manipuladas*".

11. C

"Y algo muy importante es que *no hay que tener ningún conocimiento de música ni de canto*".

12. C

"... estoy buscando un campamento de verano *para realizar las prácticas...*".

13. B

"... el taller de pintura *los días 14, 15 y 16 de abril...*".

Tarea 3

14. A

"... Horario: Invierno [...] *Verano*: (16 de jun. al 14 de sept.): *Todos los días, de 10:00 a 20:00 h...*".

15. C

"... Horarios [...] *1 de enero y 25 de diciembre, cerrado...*".

16. B

"... Precio: - Adultos: 2 Euros - Jubilados: 1 Euro - *Grupos: 1 Euro...*".

17. A

"... Además, dispone de sala de proyecciones [...] y salas para realizar talleres temáticos y actividades...".

18. B

"... Horario: De lunes a viernes de 10.00 h a 17.00 h, *sábados de 10.00 h a 14:00 h...*".

19. B

"... Precio: - Adultos: 2 Euros [...] - *Niños hasta 14 años: gratuita...*".

Tarea 4

20. B

El texto es informativo y explica con todo detalle lo que se puede hacer durante el tiempo de la exposición de plantas.

(Un *vivero* es un lugar donde se crían plantas y árboles. *Viverista* es una persona que se dedica a la industria y comercio de simientes y plantas o que cuida de un vivero).

21. C

"Durante la Feria se pueden comprar, a precios realmente competitivos, *plantas procedentes de los cinco continentes*".

22. A

"*El visitante también puede comprar y comer diversos productos locales*".

23. B

"... *han confirmado ya su presencia 47 viveristas...*".

24. A

"... va a celebrarse la 13ª Feria de Plantas de Colección en el *Jardín Botánico de Iturraran*, Aia, Guipúzcoa".

(Si quiere saber más de este jardín, visite: *www.iturraran.org*).

25. C

"En el taller pueden participar como máximo 20 personas y *la tarifa es de 15 euros por persona*".

PRUEBA 2 COMPRENSIÓN AUDITIVA

Tarea 1

1. B

HOMBRE: Hola, mire, el otro día *estuve aquí para comprar unas botas* impermeables y...

MUJER: Ah, sí, se *llevó las de oferta y unos pantalones*

2. A

HOMBRE: Te ayudará a dormir y a relajarte un poco.

MUJER: *Sí, será bueno para mí.* Espero no tener que volver, gracias.

3. B
HOMBRE: *No me gustan mucho las croquetas,* prefiero algo de carne... ¿Unas albóndigas?
4. C
MUJER: Dime, Manuel, pero *a las tres me voy, no puedo retrasarme ni un minuto,* mi tren sale a las cuatro.
5. C
MUJER: Voy a la Avenida de Compostela, a lo mejor puede usted indicarme algún *centro comercial de la zona.*
6. B
MUJER: Y... ¿solo quieren el vuelo o también quieren el hotel?
HOMBRE: *Solo queremos el vuelo.* Mi hermana vive cerca de Punta Cana y vamos a vivir en su casa.

Tarea 2

7. C
"*Ofrece maravillosos paisajes...*".
(Navarra es una comunidad autónoma en el norte de España. Si quieres información, visita: *www.navarra.es*).
8. A
"Disponemos de una sala de juegos dentro del hotel, *un espacio lúdico para los más pequeños*".
(En el anuncio hablan del futbolín. El futbolín español lo inventó un hombre gallego, Alejandro Finisterre. Patentó la invención en Barcelona en enero de 1937).
9. B
"La *Valeriana Strauss* es un producto... La nueva *Valeriana Strauss Forte* le ayuda a dormir bien".
10. C
"¡*Encuentra el regalo perfecto para el Día de la Madre* en el parque comercial La Bahía!".
(En España *el Día de la Madre* se celebra el primer domingo de mayo).
11. B
"Ofrecemos cursos de inglés a medida *a todo tipo de empresas* ubicadas en nuestra ciudad".
12. C
"*La solución* para volver a oír bien *es usar algún tipo de ayuda auditiva*".

Tarea 3

13. B
MARTA: ... ¿Quieres un café?
ÁLVARO: No gracias, *ya he tomado hoy dos.*
14. C
ÁLVARO: ¿Era muy caro?
MARTA: *No, por eso lo reservamos.* Además, la oferta para siete noches era realmente buena.
15. A
MARTA: A mí me encantó. *Estuvimos en un hotel en la playa* de Jimbarán.
16. C
MARTA: Ya he preparado las fotos y todo lo que tenía por casa del viaje a Bangkok y a Bali.
ÁLVARO: Venga, venga, vamos a verlo todo.
17. A
MARTA: Mira, nosotros primero fuimos a Bangkok [...] a un hotel de 4 estrellas [...] que tenía piscina [...] Ya sabes *que nos gusta mucho nadar.*
18. B
ÁLVARO: Sí, *si queréis cenamos juntos el jueves.*
MARTA: Vale, muy bien. Chao.

Tarea 4

19. E
"... *vamos a llevarle* las alfombras *a su casa* a las 18:30".
20. H
"... nuestro horario de recogida es *de 8 de la mañana a 8 de la tarde*".
21. J
"Solo cuesta *dos euros*...".
22. F
"*Lo sentimos. Disculpen las molestias*".
(Estas son dos fórmulas habituales de disculparse).
23. A
"*¿Me dejas tu bolso de color plata?* ¡Ah! y otra cosa, *¿puedes dejarnos tu coche?*".
(Cuando queremos pedir algo que luego se devuelve, decimos "¿Me dejas...?" o "¿Me prestas?").
24. G.
"... *el champú y la loción que pidió ya han llegado*".
25. B
HOMBRE: Alquilar y reservar salas de conciertos en Córdoba es mucho más fácil [...] Un pequeño número de salas se encuentra localizado en el centro, son de aforo reducido y *programan normalmente todas las semanas.*

CLAVES DE RESPUESTA

PRUEBA 1 COMPRENSIÓN DE LECTURA

Tarea 1	1B	2A	3B	4B	5C			
Tarea 2	6C	7A	8B	9B	10C	11C	12C	13B
Tarea 3	14A	15C	16B	17A	18B	19B		
Tarea 4	20B	21C	22A	23B	24A	25C		

PRUEBA 2 COMPRENSIÓN AUDITIVA

Tarea 1	1B	2A	3B	4C	5C	6B	
Tarea 2	7C	8A	9B	10C	11B	12C	
Tarea 3	13B	14C	15A	16C	17A	18B	
Tarea 4	19E	20H	21J	22F	23A	24G	25B

EXAMEN 2

Vivienda y convivencia

PRUEBA 1 COMPRENSIÓN DE LECTURA

Duración de la prueba: **60 minutos**
Número de tareas: **4**
Número de ítems: **25**

Tarea 1

Instrucciones:

Usted va a leer el correo electrónico que Luisa ha escrito a su amiga María José. A continuación, conteste a las preguntas (de la 1 a la 5). Seleccione la opción correcta (A, B o C).

Hola, María José:
¿Cómo va todo? Mira, te escribo para contarte que me he cambiado de piso.
Al principio estaba encantada. Ya te conté que lo compartía con tres personas: una chica que trabaja de niñera en la casa de un empresario; Juan, un chico muy trabajador que estudia Derecho y trabaja los fines de semana en un bar de copas, y Adolfo, un hombre de 40 años que se ha separado de su mujer y no tiene hijos.
Todo iba muy bien hasta que un día Marta, la que trabaja de niñera, trajo (sin avisarnos) a tres amigos suyos y los instaló a vivir en el salón. Al ver que pasaban dos días y seguían ahí, decidimos hablar con ella. Se enfadó con nosotros y nos dijo que éramos unos antipáticos. Se creó una situación incómoda y desagradable.
Y otra cosa, hace dos semanas, el sábado, Juan subió a varias personas a casa al volver de trabajar del bar de copas. Pusieron la música altísima y empezaron a bailar. Salí a decirles que eran las cinco de la mañana y que tenían que marcharse. Tardaron un buen rato en irse y, al levantarme, fui a la cocina a prepararme el desayuno y me encontré con el frigorífico vacío.
Como el domingo era día 28 busqué anuncios de pisos compartidos. El lunes hablé con unas personas que me gustaron. Fui a ver su piso y me encantó. Me cambié el día 1, ya llevo diez días y me siento feliz.

Besos y cuéntame de tu vida.
Luisa

PREGUNTAS

1. Luisa escribe a María José...
- [ ] A) para disculparse.
- [ ] B) para pedirle ayuda.
- [ ] C) para comunicarle un cambio de piso.

2. Luisa ha tenido problemas con...
- [ ] A) dos compañeros de piso.
- [ ] B) los amigos de María José.
- [ ] C) Adolfo y su mujer.

3. Luisa dice que, al principio la relación con sus compañeros...
- [ ] A) era regular.
- [ ] B) era mala.
- [ ] C) era buena.

4. Marta invitó a tres amigos...
- [ ] A) a vivir en su habitación.
- [ ] B) sin pedir permiso a sus compañeros de piso.
- [ ] C) a una fiesta con música y baile.

5. Los amigos de Juan...
- [ ] A) se comieron la comida del frigorífico.
- [ ] B) eran tranquilos.
- [ ] C) se marcharon a las cinco de la mañana.

Tarea 2 **Instrucciones:**

Usted va a leer ocho anuncios. A continuación, responda a las preguntas (de la 6 a la 13). Seleccione la opción correcta (A, B o C).

EJEMPLO

TEXTO 0

SOFÁS 3+2 PIEL

Sofás relax tapizados en piel, color chocolate. Medidas: 3 plazas: 206 x 99 x100, con dos asientos reclinables sistema relax manual. 2 plazas: 166 x 99 x 100, con dos asientos reclinables sistema relax automático.
Precio: 3 plazas: 375 euros. 2 plazas: 325 euros. Se pueden comprar por separado. **Los dos por 600 euros.** Muy rebajado, urge. Tienen 6 meses de uso. Tel. 91 475 56 65.

0. Según el anuncio, alguien...

- [x] A) necesita vender lo antes posible.
- [ ] B) quiere comprar sofás rebajados.
- [ ] C) ofrece su sofá de piel por 600 euros.

La opción correcta es **A** porque es urgente y está muy rebajado.

TEXTO 1

Centro histórico de Málaga,
zona Carretería. Dos habitaciones para chicas no fumadoras

240 € / mes gastos incluidos. Habitación sencilla de tamaño mediano, perfectamente amueblada.

Baño compartido. No tiene calefacción. No se pueden tener mascotas.
Buscamos dos chicas estudiantes de la UMA (parada del autobús a 6 minutos del piso).
Lugar ideal para vivir, próximo a las playas, museos, puerto, catedral, tiendas, cafeterías y centros comerciales.
Estancia mínima de 4 meses y máxima de 6. Hay que dejar una fianza de un mes.

6. La futura inquilina...

- [ ] A) tiene una fecha fija de entrada.
- [ ] B) tiene que compartir la habitación.
- [ ] C) tiene que entregar 480 euros el primer mes.

TEXTO 2

Tengo entradas para los conciertos del año de *AC/DC* para los dos días de Madrid y para los días 29, 31 de mayo y 2 de junio en Barcelona. Precios desde 150 euros. Para más información, llamad al 638 23 11 57. Entrega en mano en Madrid o envío (contra-reembolso) a otras ciudades.

7. La persona que escribe el anuncio comunica que...

- [ ] A) tiene entradas para cinco actuaciones.
- [ ] B) compra entradas máximo a 150 euros.
- [ ] C) se desplaza a otras ciudades para cobrar las entradas.

TEXTO 3

INTERCAMBIO DE IDIOMAS

ENCUENTROS EN MÁLAGA organiza el programa de intercambio lingüístico para practicar diferentes idiomas: español, inglés, alemán, italiano, francés, ruso, árabe, chino y japonés. Nos reunimos en diferentes locales de Málaga los martes y viernes para practicar idiomas.
Próximo intercambio: El martes a las 20:00, en el bar *Copeo*, plaza Nueva. No es necesario inscribirse, pero si te interesa nuestra asociación, puedes visitarnos con toda tranquilidad y sin ningún gasto en **ENCUENTROS MÁLAGA**, calle Andrés González 4, 1.º junto a la plaza de los Mártires.

8. Las personas interesadas en intercambiar idiomas...

- ☐ A) deben tener un nivel alto en la lengua extranjera.
- ☐ B) pueden visitar la oficina de *Encuentros Málaga* de forma libre y gratuita.
- ☐ C) tienen que ir siempre al mismo lugar.

TEXTO 4

BUSCADOR DE VUELOS

Busca y compara vuelos baratos entre miles de aerolíneas y agencias de viajes
Gratis e independiente.
Buscamos entre páginas de aerolíneas, agencias de viajes y proveedores *low cost*, y así encontramos los mejores vuelos y te dirigimos a las compañías que los venden.
Más barato y mejor. ¡Todo lo que tienes que hacer es seleccionar tu vuelo y listo!
El mundo te espera.

9. Este buscador...

- ☐ A) te compra los vuelos.
- ☐ B) te cobra por la consulta.
- ☐ C) te ofrece la mejor oferta en vuelos.

TEXTO 5

Se busca empleada de hogar externa para familia con dos niños. Sus tareas son: limpieza en general, lavado de ropa a mano y máquina, planchado y cocina. También debe recoger a los niños por la tarde, bañarlos y darles la cena. Edad entre 30 a 40 años. Horario de trabajo de 13 a 21 h. Sueldo a convenir. Indispensable referencias.

10. Según el anuncio...

- ☐ A) el horario de trabajo es por la mañana.
- ☐ B) hay que mantener limpio el jardín.
- ☐ C) es necesario tener experiencia.

TEXTO 6

BUSCO MÚSICOS - NUEVO PROYECTO SERIO

Saludos, mi nombre es Lidia. Tengo ya muchos años de experiencia dentro del mundo de la música. Busco componentes (guitarra, bajo y cantante), con dominio del instrumento, para empezar un proyecto serio en Segovia. Estilo pop-rock. Edades entre 18 y 25 años. Interesados ponerse en contacto por email o WhatsApp.
Espero gente con buen nivel y con espíritu de equipo.
¡Hasta pronto!
buscomusicos15@yahoo.es
607 86 54 50

11. Lidia escribe el anuncio para...

- [ ] A) buscar trabajo como músico.
- [ ] B) encontrar músicos serios.
- [ ] C) formar un grupo de música.

TEXTO 7

Agencia de viajes **Privado**
Vacaciones por toda Europa
VIAJES EXCEPCIONALES
Ofertas de alta gama cuidadosamente seleccionadas.
Nuestros expertos a su servicio. Ofrecemos un servicio de atención al cliente a su disposición las 24 h del día.

12. El horario de información es...

- [ ] A) solo por el día.
- [ ] B) hasta las 24 h.
- [ ] C) todo el día.

TEXTO 8

Pixplan Vídeo

Nos hemos trasladado
Os informamos que desde el viernes día 6 de noviembre estamos en una nueva oficina más equipada y con mejores instalaciones. Seguimos en Tolosa, pero esta vez en la dirección:

Calle Zumalacárregui 34, Local 4
20400 Tolosa (Guipúzcoa)

13. Ahora están en...

- [ ] A) otra oficina.
- [ ] B) otra ciudad.
- [ ] C) la misma dirección.

Tarea 3 **Instrucciones:**

Usted va a leer tres textos con información sobre viviendas para alquilar o comprar. Relacione las preguntas (de la 14 a la 19) con los textos (A, B o C).

	A. CHALÉ	B. PISO	C. APARTAMENTO
14. Tiene dos plantas.			
15. Es una vivienda muy nueva.			
16. No se alquila.			
17. La cocina tiene muebles.			
18. No tiene bañera.			
19. Es una vivienda con mucha luz.			

A. Chalé

Chalé adosado en calle Miguel Hernández, 8. Estella. 295 000 €, 280 m^2.

Chalé adosado con 1 planta abuhardillada, 2 baños, 2 aseos, 4 habitaciones, cocina-comedor, salón, garaje, comedor, trastero, terraza y jardín propio de 50 m^2. Vistas a jardín púbico.

B. Piso

Alquiler de piso en calle Fray Diego. Estella. 425 €/mes, 105 m^2, 2.ª planta exterior. Fianza de 1 mes.

Muy espacioso y luminoso. Características básicas: 95 m^2 útiles; 4 dormitorios, 1 baño; cocina totalmente amueblada y equipada. Segunda mano, buen estado.

C. Apartamento

Alquiler de piso en plaza Santiago. Estella. 350 €/mes, 65 m^2, 1.ª planta exterior.

Bonito apartamento recién reformado con materiales de la mejor calidad. Tiene 2 hermosos ventanales, 1 dormitorio, un cuarto de baño con ducha, cocina-comedor. Cuarto de estar. Calefacción de gas.

Tarea 4 **Instrucciones:**

Usted va a leer un texto sobre las normas de convivencia en una comunidad de vecinos. A continuación, conteste a las preguntas (de la 20 a la 25). Seleccione la opción correcta (A, B o C).

CLAVES PARA UNA BUENA CONVIVENCIA VECINAL

Como ciudadanos responsables y civilizados tenemos algunas obligaciones a la hora de **vivir en comunidad**. Estos son algunos de los consejos que te van a ayudar a convivir con tus vecinos:

- **Evita hacer escándalos o ruidos** fuera del horario permitido, sobre todo si se trata de la noche o altas horas de la madrugada (de las 22h a las 7h).
- **Respeta las zonas comunes.** Intenta no ensuciar, estropear o deteriorar espacios compartidos como pueden ser la escalera, el portal, el garaje, el patio o el jardín.
- **Respeta la intimidad de tus vecinos** y evita crear conflictos con comentarios negativos.
- **Fomenta el diálogo** en lugar de la discusión. Piensa que siempre puede haber opiniones contrarias entre los vecinos, así que intenta no convertir en un conflicto algo que se puede solucionar hablando civilizadamente.
- Sé bien educado. Los modales y la cordialidad siempre ayudan a **fomentar el respeto** y mejorar la convivencia.
- **Mantén al corriente tus cuotas**. Pagar en plazo y llevar al día los gastos de la comunidad, evita problemas con tus vecinos.
- **Responde a cualquier petición de ayuda** de tus vecinos. No olvides que algún día puedes encontrarte en una situación similar y necesitar tú también su ayuda.
- **Participa en todas las Juntas de Propietarios** para saber qué ocurre en la comunidad. Ya sabes que, en estas reuniones, se llega a los acuerdos por votación.

(Texto extraído de *www.uncomo.com*)

PREGUNTAS

20. El texto habla de...
- [ ] A) las normas básicas de convivencia entre vecinos.
- [ ] B) cómo participar en las reuniones de vecinos.
- [ ] C) las ventajas de vivir en una comunidad de vecinos.

21. Según el texto...
- [ ] A) es necesario pedir permiso para actividades con ruido.
- [ ] B) hay un horario para evitar ruidos fuertes por la noche.
- [ ] C) se prohíben los ruidos fuertes a cualquier hora.

22. El texto dice que...
- [ ] A) las reuniones de vecinos crean conflicto.
- [ ] B) es obligatorio asistir a las Juntas de Propietarios.
- [ ] C) hay que votar para conseguir los acuerdos.

23. Según el texto, las opiniones contrarias...
- [ ] A) muestran falta de respeto entre vecinos.
- [ ] B) son positivas cuando hay diálogo.
- [ ] C) se deben evitar con educación.

24. En el texto se aconseja...
- [ ] A) hablar sobre temas privados con los vecinos.
- [ ] B) pagar los gastos de comunidad en plazo.
- [ ] C) pedir ayuda a tus vecinos en cualquier situación.

25. Según el texto hay que...
- [ ] A) limpiar las zonas comunes por turnos.
- [ ] B) contratar a alguien para limpiar las zonas comunes.
- [ ] C) mantener en buen estado las zonas comunes.

PRUEBA 2 COMPRENSIÓN AUDITIVA

Duración de la prueba: **40 minutos**
Número de tareas: **4**
Número de ítems: **25**

Tarea 1

5

Instrucciones:

Usted va a escuchar seis conversaciones. Escuchará cada conversación dos veces. Después, tiene que contestar a las preguntas (de la 1 a la 6). Seleccione la opción correcta (A, B o C).

A continuación va a oír un ejemplo:

0. ¿Cuánto le cuesta al hombre enviar el paquete?

☐ A

■ B

☐ C

La opción correcta es la letra **B**. El envío en 24 horas cuesta 37 euros.

CONVERSACIÓN 1

1. ¿Dónde va a celebrar el cumpleaños la mujer?

☐ A

☐ B

☐ C

CONVERSACIÓN 2

2. ¿Para quién es la mesa que compra el hombre?

☐ A

☐ B

☐ C

CONVERSACIÓN 3

3. ¿Dónde ha estado de vacaciones la mujer?

☐ A

☐ B

☐ C

CONVERSACIÓN 4

4. ¿Qué hay al lado de la farmacia?

☐ A

☐ B

☐ C

CONVERSACIÓN 5

5. ¿Qué ha perdido el hombre?

☐ A

☐ B

☐ C

CONVERSACIÓN 6

6. ¿Dónde quiere el piso la mujer?

☐ A

☐ B

☐ C

Tarea 2

6

Instrucciones:

Usted va a escuchar seis anuncios de radio y tiene que responder a seis preguntas. Cada audición se repite dos veces. Lea las preguntas (de la 7 a la 12) y seleccione la opción correcta (A, B o C).

A continuación va a oir un ejemplo

0. El ático...
- [ ] A) es muy caro.
- [x] B) es nuevo.
- [ ] C) mide 300 m^2.

La opción correcta es la letra **B** porque es de nueva construcción.

PREGUNTAS

AUDIO 1

7. En el anuncio se dice que...
- [ ] A) se pueden enviar muebles a todos los países europeos.
- [ ] B) te dan el presupuesto después de 24 horas.
- [ ] C) trabajan sábados y domingos.

AUDIO 2

8. En *Óptica Bértiz*...
- [ ] A) hay una promoción de gafas de sol.
- [ ] B) saben que cuidar la vista es muy importante.
- [ ] C) solo se venden gafas españolas.

AUDIO 3

9. Según el anuncio *Informática Miramar*...
- [ ] A) vende solo en sus tiendas.
- [ ] B) acierta siempre con los regalos.
- [ ] C) permite devolver las compras de enero.

AUDIO 4

10. Este anuncio es sobre...
- [ ] A) una competición de disfraces.
- [ ] B) una carrera para niños y adultos.
- [ ] C) una carrera nocturna que se celebra el día 23.

AUDIO 5

11. En este anuncio se dice que...
- [ ] A) *Vida plena* es una nueva compañía médica.
- [ ] B) este seguro médico tiene los mejores médicos.
- [ ] C) este seguro es solo para mayores de 60 años.

AUDIO 6

12. Este anuncio va dirigido a las personas que...
- [ ] A) se lavan el pelo diariamente.
- [ ] B) quieren que su pelo brille intensamente.
- [ ] C) no quieren usar productos químicos para el pelo.

Tarea 3 **Instrucciones:**

7

Usted va a escuchar una conversación entre dos amigos, Pilar y Pedro. Indique si los enunciados (del 13 al 18) se refieren a Pilar (A), a Pedro (B) o a ninguno de los dos (C). Escuchará la conversación dos veces.

Ahora tiene 30 segundos para leer los enunciados.

	A. PILAR	B. PEDRO	C. NINGUNO DE LOS DOS
0. *Quiere alquilar un chalé*	☐	☐	■
13. Va a comprar un piso.	☐	☐	☐
14. Sugiere visitar juntos el piso.	☐	☐	☐
15. Recibió una llamada de la inmobiliaria.	☐	☐	☐
16. Describe cómo es el salón-comedor.	☐	☐	☐
17. Ha visitado el piso a las 8:30 de la noche.	☐	☐	☐
18. No ha visto el piso.	☐	☐	☐

Tarea 4

Instrucciones:

8

Usted va a escuchar ocho mensajes, incluido el ejemplo. Cada mensaje se repite dos veces. Seleccione el enunciado (de la A a la K) que corresponde a cada mensaje (del 19 al 25). Hay once opciones, incluido el ejemplo. Seleccione siete.

A continuación va a oír un ejemplo.

MENSAJE 0

☐ A ☐ B ■ C ☐ D ☐ E ☐ F ☐ G ☐ H ☐ I ☐ J ☐ K

La opción correcta es la letra **C** porque el descuento es hasta el día 20.

Ahora tiene 45 segundos para leer los enunciados.

ENUNCIADOS

A. Debe cambiar de compañía telefónica.
B. Su coche está ya reparado.
C. *Las rebajas de sofás acaban el día 20.*
D. María tiene que transportar algo en el coche.
E. Nerea no es la propietaria del piso.
F. El médico tiene que ir a la consulta número 7.
G. Nerea tiene problemas con el frigorífico.
H. El supermercado abrirá un día festivo.
I. Es un negocio de decoración con flores.
J. La compañía telefónica va a hacer mejoras en el edificio.
K. Necesita el coche para las vacaciones.

MENSAJES	ENUNCIADOS
Mensaje 0	**C**
19. Mensaje 1	
20. Mensaje 2	
21. Mensaje 3	
22. Mensaje 4	
23. Mensaje 5	
24. Mensaje 6	
25. Mensaje 7	

PRUEBA 3 EXPRESIÓN E INTERACCIÓN ESCRITAS

Duración de la prueba: **45 minutos**
Número de tareas: **2**

Tarea 1 **Instrucciones:**

Un amigo le escribe para ofrecerle una habitación en piso compartido.

Mensaje nuevo

Para Cc Cco

Asunto

¡Hola! ¿Qué tal?
Tengo una buena noticia, he encontrado un piso compartido y tienen dos habitaciones libres. Me han dicho que está muy bien de precio, pero todavía no he podido hablar con la dueña.
Está muy cerca de la Escuela de Artes y hay autobuses que te llevan al centro. Creo que puede interesarnos este alquiler.
Llámame y lo hablamos.
Germán

Enviar

Conteste a su amigo. En el correo tiene que:

- saludar;
- hacerle alguna pregunta personal;
- explicar qué características tiene que tener el piso;
- proponer un lugar, día y hora para quedar;
- despedirse.

Número de palabras recomendadas: **entre 60 y 70.**

Tarea 2 **Instrucciones:**

Elija solo una de las dos opciones. En cada opción tiene que tratar todos los puntos.

OPCIÓN 1

Escriba un texto sobre el fin de su estancia en España. Hable de:
- cómo se siente por volver a su país dentro de un mes;
- por qué tiene que volver y cómo ha sido su vida este tiempo;
- qué cosas compradas cuando llegó, no puede o quiere llevarse;
- decir qué objetos vende, sus características y precio.

OPCIÓN 2

Hace un par de semanas que usted volvió a su país. En su agenda está escrito lo que hizo la última semana.

LUNES	18:00 H - INMOBILIARIA, HABLAR SOBRE LA DEVOLUCIÓN DE LA FIANZA
MARTES	19:00 H - VENDER LA BICICLETA EN UNA TIENDA DE SEGUNDA MANO
MIÉRCOLES	- LIMPIAR Y ORDENAR LA CASA
JUEVES	12:00 H - LLAMAR A EMILIO Y SUSANA, COMPRAR CENA
VIERNES	- HACER EL EQUIPAJE
SÁBADO	- EXCURSIÓN A LA SIERRA DE DESPEDIDA

Usted tiene que escribir a un amigo y comentar:
- para qué fue a la inmobiliaria y de qué hablaron;
- si consiguió vender la bicicleta;
- cómo lo pasaron en la cena y qué comieron;
- a dónde fueron el sábado y que es lo que menos le gustó.

Número de palabras recomendadas: **entre 70 y 80**.

PRUEBA 4 EXPRESIÓN E INTERACCIÓN ORALES

Duración de la prueba: **12 minutos**
Número de tareas: **3**
Preparación: **12 minutos** para preparar las tareas 1, 2 y 3. Puede tomar notas y escribir un borrador de sus respuestas. Durante la prueba, puede consultar sus notas pero no leerlas directamente.

Tarea 1 **Presentación de un tema** durante 2 o 3 minutos. (**Advertencia**: aunque aquí solo se ofrece una opción, en la prueba del día del examen usted debe elegir entre dos temas).

MI CASA IDEAL

Instrucciones:

Hable de su casa ideal. Hable de:
- qué tipo de vivienda es;
- dónde está situada;
- qué muebles y decoración tiene;
- las similitudes o diferencias con su casa actual;
- qué le gusta más de su casa actual.

Tarea 2 **Descripción de una fotografía** durante 2 o 3 minutos. (**Advertencia**: aunque aquí solo se ofrece una opción, en la prueba del día del examen usted debe elegir entre dos fotos).

UNA VIVIENDA

Instrucciones:

Hable de la foto elegida durante dos o tres minutos. Usted debe hablar de:
- ¿Cómo son las personas de la foto (físico, personalidad que cree que tienen)? ¿Qué ropa llevan?
- ¿Dónde están esas personas? ¿Qué objetos hay? Describa el lugar.
- ¿Qué están haciendo las personas de la foto?
- ¿Qué relación cree que hay entre ellas?
- ¿Qué cree que piensan, o cómo cree que se sienten, estas personas? ¿Por qué?
- ¿Qué cree que han hecho antes? ¿Y qué van a hacer después?

Tarea 3 **Diálogo en una situación imaginada**, a partir de la fotografía que ha descrito en la tarea 2, durante 3 o 4 minutos.

Instrucciones:

Usted necesita alquilar una casa. El examinador es un empleado de la inmobiliaria. Hable con él siguiendo estas indicaciones.

CANDIDATO

Durante la conversación tiene que:

- informar del tipo de vivienda que quiere;
- decir las características que debe tener;
- decir qué es lo más importante para usted;
- preguntar por el precio y condiciones;
- agradecer la atención y despedirse.

Ejemplo de preguntas que puede hacer el examinador en la Tarea 3:

PREGUNTAS

Saludar

– Hola, ¿en qué le puedo ayudar?

– Dígame, ¿qué está buscando?

Informar sobre el tipo de vivienda

– Entonces, ¿le interesa un chalé?

– ¿Busca un piso o una casa?

Decir las características

– ¿Y necesita dos baños?

– ¿Busca un piso grande o pequeño?

Decir sus preferencias

– ¿Cuántas habitaciones necesita?

– ¿Y no prefiere un piso luminoso?

Preguntar sobre el precio y las condiciones

– ¿Tiene un contrato de trabajo?

– ¿Le parece bien esta cantidad al mes?

Despedirse

– ¿Nos vemos el lunes para la firma del contrato?

– ¿Puede enviarme mañana la fotocopia de su DNI?

PRUEBA 1 COMPRENSIÓN DE LECTURA

Tarea 1

1. C
"... te escribo *para contarte que me he cambiado de piso*".
2. A
Con Marta y con Juan.
3. C
"*Al principio estaba encantada. Todo iba muy bien*".
4. B
"... *Marta trajo* (sin avisarnos) *a tres amigos suyos* y los instaló a vivir en el salón".
5. A
"... fui a la cocina a prepararme el desayuno y *me encontré con el frigorífico vacío*".

Tarea 2

6. C
"*240 € / mes* gastos incluidos. [...] *Hay que dejar una fianza de un mes*".
7. A
"*Tengo entradas* para los conciertos del año de *AC/DC para los dos días de Madrid y para los días 29, 31 de mayo y 2 de junio en Barcelona*".
8. B
"... pero *si te interesa nuestra asociación, puedes visitarnos completamente gratis...*".
(La costumbre de los intercambios de idiomas empieza a ser muy común en algunas ciudades españolas).
9. C
"... y así encontramos *los mejores vuelos...*".
10. C
"*Indispensable referencias*".
(Esto quiere decir que la persona ha tenido que trabajar antes y la gente para la que ha trabajado puede hablar de su trabajo).
11. C
"Busco *componentes* [...] *con dominio del instrumento*).
(*Componentes* en este contexto significa *músicos*).
12. C
"... Ofrecemos un servicio de *atención al cliente las 24 h del día*".
13. A
"... *estamos en una nueva oficina* más equipada...".

Tarea 3

14. A
"... Chalé adosado con *1 planta abuhardillada...*".
15. C
"... Bonito apartamento *recién reformado* con materiales de la mejor calidad...".
16. A
"... Chalé adosado en calle Miguel Hernández, 8. Estella. *295 000 €*, 280 m...".
17. B
"... cocina *totalmente amueblada* y equipada...".
18. C
"... 1 dormitorio, *un cuarto de baño con ducha*, cocina-comedor".
19. B
"... 2.ª planta exterior. Fianza de 1 mes. Muy espacioso y *luminoso*".

Tarea 4

20. A
"*Claves para una buena convivencia vecinal*". (Las *claves* para la convivencia son las *normas básicas* que hay que respetar).
21. B
"*Evita hacer escándalos o ruidos* fuera del horario permitido, sobre todo si se trata de la noche o altas horas de la madrugada (*de las 22h a las 7h*)".
22. C
"*Participa en las Juntas* [...] en estas reuniones, *se llega a los acuerdos por votación*".
23. B
"Piensa que siempre puede haber *opiniones contrarias entre los vecinos*, así que intenta no convertir en un conflicto algo que se puede *solucionar hablando* civilizadamente".
24. B
"*Pagar en plazo* y llevar al día los gastos de la comunidad, *evita problemas* con tus vecinos".
25. C
"*Intenta no ensuciar, estropear o deteriorar espacios compartidos* como la escalera, el portal, el garaje, el patio o el jardín".

PRUEBA 2 COMPRENSIÓN AUDITIVA

Tarea 1

1. B
MUJER: Queríamos *comer fuera, en la terraza*, el próximo domingo a las dos.
2. A
HOMBRE: Hola, *estoy buscando una mesa de estudio para mi hijo* [...] compré otra aquí el año pasado para mi hija...
3. C
HOMBRE: ¿Y te gustó la ciudad? [...]
MUJER: Me ha encantado. Los edificios, las calles [...]
4. A
HOMBRE: No, *la pescadería está junto a la farmacia* [...]
5. B
HOMBRE: [...] he perdido mi documentación, el DNI y las tarjetas bancarias [...] *vi que no tenía la cartera* en el otro bolsillo [...]
6. A
CLIENTA: [...] Pues... quiero un piso con cuatro dormitorios, dos baños y *una terraza con vistas al mar*.

Tarea 2

7. C
"... *no cerramos los fines de semana*".
8. B
"*Tu vista es importante* y las revisiones anuales son una buena forma de cuidarla".
9. C
"... ampliamos *los plazos para devolver tus compras* hechas desde el 22 de diciembre *hasta el 31 de enero*".
10. B
"*La Carrera* Nocturna de Granada... El viernes 19 de diciembre *los más pequeños salen* desde el Paseo del Salón a las 18:30 horas *y los adultos* a las 21 horas".

11. B

"*Los mejores especialistas*".

(Médicos especialistas son los que practican una especialidad determinada de la Medicina).

12. C

"*Nuestros champús no contienen productos químicos...*".

Tarea 3

13. C

PEDRO: ... Pilar, cuéntame, entonces, ¿ya tenemos piso?

PILAR: Pues sí. Mira, ayer a las 8 me llamó José Manuel, el de la inmobiliaria, para decirme que una pareja finlandesa *acababa de poner su piso en alquiler y que me iba a encantar.*

14. A

PILAR: ... Venga, vamos a coger un taxi *y vamos a visitarlo.*

15. A

PILAR: ... ayer a las 8 *me llamó José Manuel, el de la inmobiliaria...*

16. A

PILAR: ... *A la derecha está el salón comedor.* Los sofás son de un color azul precioso y la mesa es para ocho [...] Hay una zona sin muebles donde puedes poner tu mesa [...] Tiene muchísima luz...

17. C

PEDRO: ¿Lo has visitado ya?

PILAR: Sí, me lo ha enseñado a las 8:30 de la mañana.

18. B

PEDRO: ... Pilar, cuéntame, entonces, ¿ya tenemos piso? [...] ¿Lo has visitado ya? [...] ¿Y? Cuenta *¿cómo es?*

Tarea 4

19. D

"... *necesito llevar cajas* al piso nuevo...".

20. B

"... ya *puede venir al taller a recoger su coche*".

(El verbo 'recoger' se usa también con personas. Por ejemplo: Hoy voy a la estación a recoger a mis abuelos).

21. J

"... dos empleados nuestros *van a pasar por su edificio para instalar la fibra óptica*". (Instalar la fibra óptica es una mejora).

22. H

"... *nuestro supermercado abrirá* desde las 9 de la mañana hasta las 5 de la tarde *el domingo* 7 de diciembre".

23. F

"... *doctor* Rojas Muñoz, *le esperan en la consulta 7*".

(La consulta es la habitación donde el médico recibe a los pacientes).

24. E

"... soy Nerea, *la inquilina* de tu piso".

(Inquilino es una persona que vive temporalmente en la vivienda de un propietario y paga un alquiler).

25. I

"*Floristería* Peonía. Somos una empresa joven [...] Ofrecemos todo tipo de servicios relacionados con el *arte floral: bodas, decoración* de iglesias, hoteles y restaurantes...".

CLAVES DE RESPUESTA

PRUEBA 1 COMPRENSIÓN DE LECTURA

Tarea 1	1C	2A	3C	4B	5A			
Tarea 2	6C	7A	8B	9C	10C	11C	12C	13A
Tarea 3	14A	15C	16A	17B	18C	19B		
Tarea 4	20A	21B	22C	23B	24B	25C		

PRUEBA 2 COMPRENSIÓN AUDITIVA

Tarea 1	1B	2A	3C	4A	5B	6A	
Tarea 2	7C	8B	9C	10B	11B	12C	
Tarea 3	13C	14A	15A	16A	17C	18B	
Tarea 4	19D	20B	21J	22H	23F	24E	25I

EXAMEN 3

Estudios y trabajo

PRUEBA 1 COMPRENSIÓN DE LECTURA

Duración de la prueba: **60 minutos**
Número de tareas: **4**
Número de ítems: **25**

Tarea 1

Instrucciones:

Usted va a leer el correo electrónico que Laura ha escrito a su amiga Marta. A continuación, conteste a las preguntas (de la 1 a la 5). Seleccione la opción correcta (A, B o C).

Hola, Marta:

¿Qué tal? Como ya he pasado diez días en Dublín, te cuento.

Empiezo por la casa. ¡Es impresionante! Es una casa antigua con un jardín enorme con frutales, huerto, muchísimos árboles, plantas y flores. También hay una zona de juegos estupenda para los niños. ¡Me encanta y disfruto mucho en el jardín! Hay un jardinero una vez por semana y una empleada para la limpieza de la casa dos días por semana.

Te hablo de la familia. La madre, Patricia, está de baja maternal. George es un niño precioso. Es muy gordito y muy bueno. Tiene 22 días. El padre, Howard, es un político muy apreciado en Dublín. Lo vemos solo durante la cena, pero es agradable, muy simpático y parece un buen padre.

Yo me ocupo de los otros dos niños, de Felicity (6) y de Peter (4). Me gustan mucho. Son abiertos y se llevan bien conmigo. Jugamos y nos reímos mucho.

Patricia cocina para todos, pero, como sabes que me encanta cocinar, la ayudo y así hablo inglés con ella. Yo limpio la habitación mía y la de los niños. Les preparo la ropa, les limpio los zapatos. Los llevo al colegio y los traigo en el coche de Patricia.

Voy a clase de inglés dos horas por la mañana y ya tengo amigos: un chico italiano, Paolo, una chica belga, Sandrine, y un chico de Marruecos, Hasan. Ayer domingo salimos juntos todo el día por Dublín y lo pasamos genial.

Te dejo que tengo que ir a recoger a los niños. Voy a añadirte ahora a Skype y así hablamos, lo prefiero. La mejor hora para mí es las 21:30 (hora irlandesa), que ya estoy sola en mi habitación.

Besos. Hablamos pronto.

Laura

PREGUNTAS

1. Laura escribe a Marta...
- [ ] A) para pedirle ayuda.
- [ ] B) para pedirle perdón.
- [ ] C) para darle noticias de su vida.

2. Laura está en Irlanda...
- [ ] A) estudiando y trabajando de cocinera.
- [ ] B) trabajando en una casa y estudiando.
- [ ] C) estudiando y trabajando de conductora.

3. Laura suele terminar su actividad...
- [ ] A) casi a las diez de la noche.
- [ ] B) sobre las dos de la tarde.
- [ ] C) cerca de las doce de la noche.

4. Laura ya tiene amigos...
- [ ] A) de la familia irlandesa.
- [ ] B) de su escuela de inglés.
- [ ] C) del colegio de los niños.

5 . A Laura...
- [ ] A) le disgusta la casa.
- [ ] B) no le gusta mucho Patricia.
- [ ] C) le gustan los niños.

Tarea 2 **Instrucciones:**

Usted va a leer ocho anuncios. A continuación, responda a las preguntas (de la 6 a la 13). Seleccione la opción correcta (A, B o C).

EJEMPLO

TEXTO 0

Cursos de Informática en OnAula.com

Ahora, la informática más fácil que nunca: con videotutoriales y prácticas online. Regístrate en el Curso de Redes sociales. En este curso estudiaremos las redes sociales desde un punto de vista laboral: Facebook, Twitter, InfoJobs y Linkedin... la forma más rápida de encontrar empleo. El curso se imparte durante tres semanas y solo cuesta 120 €. **¿Buscas trabajo? ¡¡Esta es tu oportunidad!!**

0. Según el anuncio, el curso...

- ■ A) ayuda a conseguir trabajo.
- ☐ B) ofrece prácticas laborales.
- ☐ C) informa sobre el empleo.

La opción correcta es **A** porque es una forma rápida de encontrar trabajo.

TEXTO 1

Ofrezco clases de valenciano, de español para extranjeros y de italiano. Soy licenciada en filología románica y estoy estudiando un máster de enseñanza de español como lengua extranjera. He trabajado en Italia como profesora de instituto y desde hace más de dos años doy clases particulares. Tengo bastante disponibilidad horaria y ningún inconveniente con el desplazamiento.

Anunciante: Martina

Localidad: Valencia (Valencia)

Teléfono: 680 92 19 16

6. A Martina...

- ☐ A) no le importa ir al domicilio del alumno.
- ☐ B) le molesta tener que desplazarse.
- ☐ C) le interesa dar las clases en su casa.

TEXTO 2

PROFESORA DE DANZA

¿Quieres bailar bien? La danza es una de las disciplinas más completas y recomendadas para la formación, desarrollo y bienestar de adultos y niños. Se dan clases por la tarde y también se organizan cursos durante todo el verano en Alhaurín. No dudes en contactar con nosotros para la formación de grupos y horarios.
Precio económico.
profesoradedanzaalhaurin@gmail.com

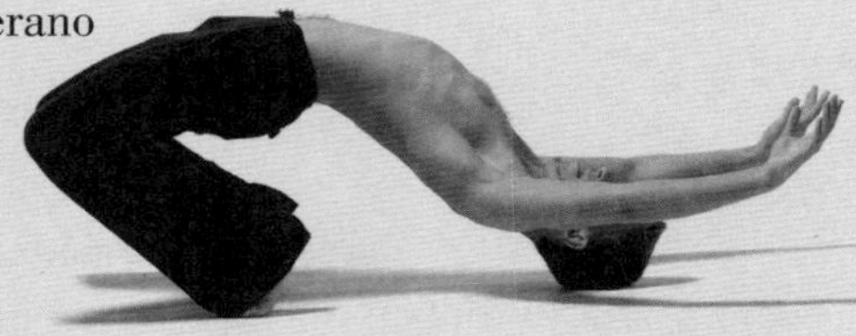

7. Las personas interesadas en la danza...

- A) pueden ir a clase después de comer.
- B) pueden recibir clases a cualquier hora del día.
- C) tienen que ir con sus hijos.

TEXTO 3

Tenemos 5 cachorros de perro en perfectas condiciones para dar en adopción. Hay cuatro machos y una hembra. Tienen mes y medio. Doy un contrato de adopción por escrito. Me llamo Silvia Aguilera y vivo en Burgos.
Por favor los interesados podéis llamar al teléfono 947 21 29 80. Gracias.

8. En el anuncio comunica que...

- A) se adoptan cachorros.
- B) se regalan cinco perritos.
- C) se venden cuatro machos y una hembra.

TEXTO 4

CINE **ACTEÓN**

¿Te gusta el cine? Elige tu película preferida y ven con un amigo o una amiga al cine Acteón. Te ofrecemos dos entradas, dos bebidas y un paquete de palomitas con un gran descuento. ¿Prefieres venir solo? No pasa nada, también te hacemos un descuento estupendo: el 50%. Aprovecha esta oferta y compra tus cupones. Preséntalos en la taquilla del cine. Vas a recibir un tique para poder cambiarlo por la bebida y las palomitas.
Oferta válida hasta finales de verano.

9. Esta oferta es...

- A) para una entrada familiar.
- B) para disfrutarla en verano.
- C) para promocionar un cine nuevo.

TEXTO 5

URGENTE. Se buscan actores y actrices de 25 a 40 años de distintas nacionalidades y etnias, con *look* internacional y modernos (orientales, afros, nórdicos, gente con *street style*, etc.) para proyecto audiovisual en Madrid.
Imprescindible hablar inglés fluido y disponer de permiso de trabajo. El rodaje va a tener lugar el martes 9 de junio. Interesados enviar currículum, fotos y teléfono de contacto a *proyectoaudiovisual@yahoo.com*

10. En este anuncio de empleo...
- [ ] A) se habla de un proyecto fotográfico.
- [ ] B) se dice el horario de trabajo.
- [ ] C) se nombran dos características necesarias.

TEXTO 6

Agencia *TU CASA POR LA MÍA*

Disfruta de unas vacaciones diferentes intercambiando tu casa con otras personas de diferentes países. Visita nuevas ciudades y haz turismo de la forma más económica.
- Somos líderes en Europa en el intercambio de casas
- Más de 42 877 casas en 129 países distintos
- Más de 180 solicitudes de intercambio enviadas diariamente
- Disfruta de una forma nueva de viajar, más del 80% de las personas que lo han probado repiten

11. En este anuncio se explica que...
- [ ] A) hay una forma diferente de viajar.
- [ ] B) es la forma más común de hacer turismo.
- [ ] C) la mayoría de personas no están satisfechas.

TEXTO 7

Excursión de un día a Ronda

El precio de la excursión a Ronda es de **36 €** y su duración es de 1 día, con salidas semanales desde Málaga todos los martes y sábados durante todo el año.
Ida por la carretera del interior. Vuelta por la carretera de la costa. Parada en Puerto Banús.

12. Hay excursión...
- [ ] A) un día a la semana.
- [ ] B) todas las semanas.
- [ ] C) dos veces al año.

TEXTO 8

13. El ascensor se puede usar...
- [ ] A) entre las diez y la una de la tarde.
- [ ] B) hasta la una de la tarde.
- [ ] C) antes de las diez de la mañana.

Se comunica a todos los vecinos que mañana no se puede utilizar el ascensor entre las 10h y las 13h. Hay que hacer la revisión periódica obligatoria. Lo sentimos.

Tarea 3 **Instrucciones:**

Usted va a leer tres textos de una web con ofertas de trabajo. Relacione las preguntas (de la 14 a la 19) con los textos (A, B o C).

	A. COMERCIAL	B. COCINERA	C. RECEPCIONISTA
14. El trabajo es para empezar ya.			
15. Es necesario saber idiomas.			
16. Hay que negociar el sueldo.			
17. Es necesario tener coche.			
18. Piden experiencia de un año.			
19. El domingo es día de descanso.			

A. Comercial

Se necesita **vendedor inmobiliario** para trabajar la zona de Marbella, imprescindible vehículo propio. Se requiere dedicación plena, mucha ilusión y ganas de trabajar. Se ofrece formación retribuida. Contrato laboral indefinido a jornada completa. Horario comercial de lunes a sábado. Se ofrece salario fijo más importantes comisiones. Teléfono de contacto 952 78 15 35.

B. Cocinera

Buscamos **cocinera** - URGENTE

Somos los propietarios de un bar restaurante y estamos en el centro de Jávea. Buscamos cocinera y ofrecemos un buen sueldo y contrato legal a tiempo completo con experiencia profesional mínimo de un año. Valoramos conocimientos de idiomas. Interesadas envíen su currículum con fotografía a *cocinera@mercados.com* (Por favor, indiquen su teléfono de contacto) Urgente. Disponibilidad inmediata.

C. Recepcionista

Se precisa **recepcionista** para un club deportivo (privado) en Bilbao

Precisamos recepcionista. Imprescindible:

- experiencia en el sector deportivo, en especial deporte de pádel y fitness
- inglés y manejo de Excel, PowerPoint, Paint
- flexibilidad horaria
- buena presencia, menor de 35 años, serio/a y responsable

Se valora:

- experiencia, conocimientos de diseño gráfico y alemán, francés, inglés

Sueldo a convenir. Enviar currículum:
apadelclub@yahoo.com

Tarea 4 **Instrucciones:**

Usted va a leer la biografía de Carmen Laffón. A continuación, conteste a las preguntas (de la 20 a la 25). Seleccione la opción correcta (A, B o C).

Carmen Laffón

Carmen Laffón nació en Sevilla en 1934. Sus padres eran cultos, progresistas y tenían una buena posición económica. Se conocieron de jóvenes en la Residencia de Estudiantes de Madrid.

A los 12 años empezó a pintar. Su profesor era el pintor Manuel González, un amigo de su padre. A los 15 años empezó a estudiar en la Escuela de Bellas Artes de Sevilla, aconsejada por su profesor de pintura. A los 18 años se trasladó a Madrid donde terminó sus estudios en la Escuela de Bellas Artes.

Ese mismo año, 1954, fue de viaje de fin de curso a París, donde quedó impresionada por la obra del pintor Marc Chagall. En 1955 recibió una beca del Ministerio de Educación para estudiar en Roma. Viajó también a Viena y Holanda, dos lugares muy importantes para su carrera.

En 1956 volvió a Sevilla y siguió pintando en la casa de verano familiar en La Jara, cerca del Coto de Doñana. Este lugar se convirtió en el centro de su actividad artística.

En 1958 realizó sus dos primeras exposiciones individuales, una en Madrid y la otra en Sevilla. Entre 1960 y 1962 vivió en Madrid. En 1961 conoció a Juana Mordó, quien se interesó mucho por su obra y le ofreció un contrato con la galería Biosca.

En 1962 volvió a Sevilla. Creó en 1967 la escuela El Taller donde enseñaba. En 1975 obtuvo la Cátedra de Dibujo del Natural de la Escuela de Bellas Artes de Sevilla, donde estuvo hasta 1981.

En 1998 la nombraron académica de la Real Academia de Bellas Artes de San Fernando de Madrid. El 16 de enero del 2000 pronunció el discurso de ingreso titulado "Visión de un paisaje".

En 1982 recibió el Premio Nacional de Artes Plásticas.

El 28 de febrero de 2013, y con motivo del Día de Andalucía, recibió en el Teatro de la Maestranza de Sevilla, junto con Antonio Banderas y Manuel José García Caparrós, el título de Hijo Predilecto de Andalucía.

(Información extraída de *http://www.es.wikipedia.org*)

PREGUNTAS

20. El texto habla de la vida de...
- [ ] A) una pintora española.
- [ ] B) una profesora del Coto de Doñana.
- [ ] C) una galerista de Roma.

21. El texto nos informa de...
- [ ] A) los dos maridos de Carmen.
- [ ] B) los padres de Carmen.
- [ ] C) los hijos de Carmen.

22. Según el texto, Carmen Laffón...
- [ ] A) recibió clases particulares cuando era niña.
- [ ] B) trabajó en la Residencia de Estudiantes de Madrid.
- [ ] C) estudió toda la carrera de Bellas Artes en Madrid.

23. En 1958 expuso sus obras en dos galerías...
- [ ] A) de forma colectiva.
- [ ] B) madrileñas.
- [ ] C) en solitario.

24. Juana Mordó...
- [ ] A) creó con Carmen la escuela El Taller.
- [ ] B) contrató a Carmen Laffón.
- [ ] C) le vendió la galería Biosca a Carmen.

25. En el año 2013 Carmen Laffón recibió...
- [ ] A) un premio de teatro.
- [ ] B) un premio a su familia.
- [ ] C) un título junto con otras personas andaluzas.

PRUEBA 2 COMPRENSIÓN AUDITIVA

Duración de la prueba: **40 minutos**
Número de tareas: **4**
Número de ítems: **25**

Tarea 1

9

Instrucciones:

Usted va a escuchar seis conversaciones. Escuchará cada conversación dos veces. Después, tiene que contestar a las preguntas (de la 1 a la 6). Seleccione la opción correcta (A, B o C).

A continuación va a oír un ejemplo:

0. ¿Qué tiene que hacer el hombre?

☐ A

☐ B

■ C

La opción correcta es la letra **C.** Tiene que escribir un informe.

CONVERSACIÓN 1

1. ¿Con quién quieren salir el fin de semana?

☐ A

☐ B

☐ C

CONVERSACIÓN 2

2. ¿Qué electrodoméstico no funciona?

☐ A

☐ B

☐ C

CONVERSACIÓN 3

3. ¿Cuándo volverá la mujer a la tienda?

☐ A

☐ B

☐ C

CONVERSACIÓN 4

4. ¿Qué actividad prefiere el hermano de la mujer?

☐ A

☐ B

☐ C

CONVERSACIÓN 5

5. ¿Qué regalo van a comprar?

☐ A

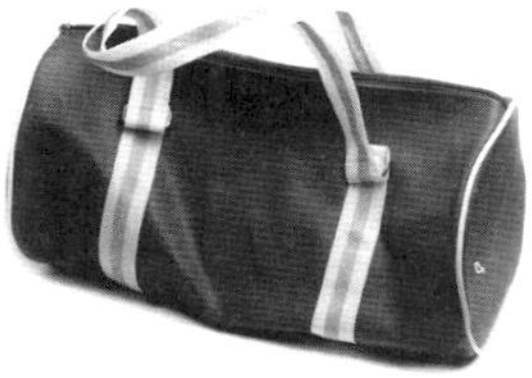

☐ B

☐ C

CONVERSACIÓN 6

6. ¿Dónde ha visto la mujer la publicidad de la escuela?

☐ A

☐ B

☐ C

Tarea 2 **Instrucciones:**

10

Usted va a escuchar seis anuncios de radio y tiene que responder a seis preguntas. Cada audición se repite dos veces. Lea las preguntas (de la 7 a la 12) y seleccione la opción correcta (A, B o C).

A continuación va a oír un ejemplo.

0. En este anuncio se dice que...
- [ ] A) las clases particulares se dan en junio.
- [ ] B) esta empresa recibió un premio en 2003.
- [x] C) puedes recibir clases particulares en casa.

La opción correcta es la letra **C** porque es empresa líder en clases particulares a domicilio.

PREGUNTAS

AUDIO 1

7. Este anuncio le propone...
- [ ] A) buscar trabajo en cualquier ciudad española
- [ ] B) visitar su web para encontrar trabajo.
- [ ] C) publicar tu perfil profesional en su web.

AUDIO 2

8. Este anuncio ofrece clases de inglés...
- [ ] A) en un campus universitario.
- [ ] B) en un entorno rural.
- [ ] C) en los meses de verano.

AUDIO 3

9. Con este curso...
- [ ] A) vas a aprender a regar jardines.
- [ ] B) tendrás pronto un trabajo.
- [ ] C) puedes obtener un título de ingeniero.

AUDIO 4

10. *Mainakecar...*
- [ ] A) solo ofrece servicios en el aeropuerto.
- [ ] B) ofrece servicios en la estación del AVE.
- [ ] C) ofrece alquiler de coches en internet.

AUDIO 5

11. El Centro Pompidou de Málaga...
- [ ] A) permanece cerrado tres días al año.
- [ ] B) ofrece un único tipo de entrada.
- [ ] C) cierra todos los lunes del año.

AUDIO 6

12. Según el anuncio...
- [ ] A) hay un barco turístico en el puerto de La Caleta.
- [ ] B) el barco turístico lleva 90 pasajeros.
- [ ] C) en el barco turístico se ofrece comida.

Tarea 3 **Instrucciones:**

11

Usted va a escuchar una conversación entre dos personas, Enrique y María José. Indique si los enunciados (del 13 al 18) se refieren a Enrique (A), a María José (B) o a ninguno de los dos (C). Escuchará la conversación dos veces.

Ahora tiene 30 segundos para leer los enunciados.

	A. ENRIQUE	B. MARÍA JOSÉ	C. NINGUNO DE LOS DOS
0. *Estudia Marketing digital.*	■	☐	☐
13. No tiene un buen sueldo.	☐	☐	☐
14. Vive en Inglaterra.	☐	☐	☐
15. No ve a Andrea y Pablo desde hace bastante tiempo.	☐	☐	☐
16. El año pasado estuvo en Inglaterra.	☐	☐	☐
17. No le importa trabajar en el extranjero.	☐	☐	☐
18. Está haciendo un máster de Trabajo y empleo.	☐	☐	☐

Tarea 4

12

Instrucciones:

Usted va a escuchar ocho mensajes, incluido el ejemplo. Cada mensaje se repite dos veces. Seleccione el enunciado (de la A a la K) que corresponde a cada mensaje (del 19 al 25). Hay once opciones, incluido el ejemplo. Seleccione siete.

A continuación va a oír un ejemplo.

MENSAJE 0

☐ A ☐ B ☐ C ☐ D ☐ E ■ F ☐ G ☐ H ☐ I ☐ J ☐ K

La opción correcta es la letra **F** porque le pregunta por la entrevista.

Ahora tiene 45 segundos para leer los enunciados.

ENUNCIADOS

A. Cambio de hora para quedar.
B. Puedes contratar un guía.
C. Le pregunta por su nuevo trabajo.
D. Descuento en el restaurante.
E. Le recuerdan una cita.
F. *Quiere saber cómo le ha ido la cita.*
G. Hay un restaurante nuevo.
H. Nuevo gimnasio junto al mar.
I. Prefiere estudiar con una amiga.
J. Aviso para retirar un coche.
K. Tienen un examen de francés.

MENSAJES	ENUNCIADOS
Mensaje 0	**F**
19. Mensaje 1	
20. Mensaje 2	
21. Mensaje 3	
22. Mensaje 4	
23. Mensaje 5	
24. Mensaje 6	
25. Mensaje 7	

PRUEBA 3 EXPRESIÓN E INTERACCIÓN ESCRITAS

Duración de la prueba: **45 minutos**
Número de tareas: **2**

Tarea 1

Instrucciones:

Un amigo le escribe sobre una oferta de trabajo que ha visto en una web de empleo y le puede interesar a usted.

Mensaje nuevo

Para — Cc Cco

Asunto

Hola, ¿qué tal vas con el trabajo? ¿Has encontrado algo?
En la web *empléateonline*.com he visto un anuncio donde buscan chicos o chicas para cuidar niños. Creo que es una oferta que te puede interesar. He leído que necesitan gente para los fines de semana principalmente, eso te viene bien, ¿no?
No hay información sobre el sueldo, pero sí que sería por horas. Lo mejor es inscribirte en la web para tener más información y apuntarte en la bolsa de trabajo.
Bueno, cuéntame cómo lo ves. Y coméntaselo a Javier y Judith, ellos también estaban buscando trabajo y yo no tengo su contacto.
Santi

Enviar

Conteste a su amigo. En el correo tiene que:

- saludar;
- hacerle alguna pregunta personal;
- decir cuál es su situación laboral actual;
- comentar qué le parece la oferta y si le interesa;
- despedirse.

Número de palabras recomendadas: **entre 60 y 70.**

Tarea 2

Instrucciones:

Elija solo una de las dos opciones. En cada opción tiene que tratar todos los puntos.

OPCIÓN 1

Escriba un texto sobre su trabajo en España. Su empresa le ha enviado a trabajar a Madrid durante un año y ya lleva dos meses en España. Hable de:

- cómo es su empresa (a qué se dedica, su ubicación, etc.);
- cuál es su relación con sus colegas y jefes;
- qué es lo que más le gusta de su trabajo;
- qué piensa hacer al finalizar el contrato.

OPCIÓN 2

El pasado fin de semana usted salió con Carmen, su compañera de trabajo. Estas son algunas de las fotos de esos días.

Usted tiene que escribir a un amigo y comentar:

- dónde fueron y cuándo llegaron;
- con qué personas se reunieron;
- qué hicieron durante el fin de semana;
- qué es lo que más le gustó de su salida con Carmen.

Número de palabras recomendadas: **entre 70 y 80.**

PRUEBA 4 EXPRESIÓN E INTERACCIÓN ORALES

Duración de la prueba: **12 minutos**
Número de tareas: **3**
Preparación: **12 minutos** para preparar las tareas 1, 2 y 3. Puede tomar notas y escribir un borrador de sus respuestas. Durante la prueba, puede consultar sus notas pero no leerlas directamente.

Tarea 1

Presentación de un tema durante 2 o 3 minutos. (**Advertencia**: aunque aquí solo se ofrece una opción, en la prueba del día del examen usted debe elegir entre dos temas).

MI CURSO DE ESPAÑOL

Instrucciones:

Hable de su curso de español. Hable de:

- cuándo empezó a estudiar español y dónde;
- qué es lo más importante para usted cuando aprende un idioma;
- por qué motivos aprende español;
- algún recuerdo de un profesor/a especial;
- cómo sería su curso ideal de español.

Tarea 2

Descripción de una fotografía durante 2 o 3 minutos. (**Advertencia**: aunque aquí solo se ofrece una opción, en la prueba del día del examen usted debe elegir entre dos fotos).

UNA REUNIÓN

Instrucciones:

Hable de la foto elegida durante dos o tres minutos. Usted debe hablar de:

- ¿Cómo son las personas de la foto (físico, personalidad que cree que tienen)? ¿Qué ropa llevan?
- ¿Dónde están esas personas? ¿Qué objetos hay? Describa el lugar.
- ¿Qué están haciendo las personas de la foto?
- ¿Qué relación cree que hay entre ellas?
- ¿Qué cree que piensan, o cómo cree que se sienten, estas personas? ¿Por qué?
- ¿Qué cree que han hecho antes? ¿Y qué van a hacer después?

Tarea 3 **Diálogo en una situación imaginada**, a partir de la fotografía que ha descrito en la tarea 2, durante 3 o 4 minutos.

Instrucciones:

Usted está en una entrevista de trabajo para un puesto de recepcionista en un hotel de cinco estrellas. El examinador es el responsable de Personal del hotel. Hable con él siguiendo estas indicaciones.

CANDIDATO

Durante la conversación tiene que:

- presentarse y decir cómo se informó sobre la oferta de trabajo;
- explicar cuál es su experiencia en el sector de la hostelería;
- hablar de sus cualidades para ocupar el puesto de recepcionista;
- preguntar por el sueldo y otras condiciones laborales;
- agradecer el interés y despedirse.

Ejemplo de preguntas que puede hacer el examinador en la Tarea 3:

PREGUNTAS

Presentarse

– Entonces, ¿dónde vio nuestra oferta de trabajo?
– Dígame, ¿vive usted cerca de nuestra empresa?

Explicar cuál es su experiencia en el sector

– ¿Tiene experiencia en otros trabajos en hoteles?
– ¿Cuánto tiempo estuvo de recepcionista?

Hablar de sus cualidades para ocupar el puesto de recepcionista

– Entonces, ¿qué idiomas son los que habla?
– ¿Qué programas informáticos conoce?

Preguntar por el sueldo y otras condiciones laborales

– ¿Puede trabajar los fines de semana?
– ¿Tiene algún problema en cambiar el turno dos veces a la semana?

Agradecer el interés y despedirse

– ¿En tres días podría incorporarse al puesto?
– Entonces, entre hoy y mañana le comunicamos si usted ha sido elegido/a, ¿de acuerdo?

PRUEBA 1 COMPRENSIÓN DE LECTURA

Tarea 1

1. C
"Como ya he pasado diez días en Dublín, *te cuento*".
(Le cuenta lo que hace desde que llegó y cómo es su vida allí).

2. B
"*Yo me ocupo de los otros dos niños*, de Felicity (6) y de Peter (4). [...] *Voy a clase de inglés* dos horas por la mañana".

3. A *"La mejor hora* para mí *es las 21:30* (hora irlandesa), *que ya estoy sola en mi habitación".*

4. B
"*Voy a clase de inglés* dos horas por la mañana *y ya tengo muchos amigos*: un chico italiano, Paolo, una chica belga, Sandrine, y un chico de Marruecos, Hasan".

5. C
"Yo me ocupo de los otros dos niños, de Felicity (6) y de Peter (4). *Me gustan mucho*. Son abiertos y *se llevan bien conmigo*".
(Una forma de aprender inglés sin gastar dinero es trabajar de *au-pair* en una familia de habla inglesa. Esta es una opción que eligen muchas chicas y algunos chicos españoles).

Tarea 2

6. A
"Tengo bastante disponibilidad horaria y *ningún inconveniente con el desplazamiento*".

7. A
"*Se dan clases por la tarde...*".
(En España la tarde viene marcada por la comida o el almuerzo. Para la gente española la mañana ocurre antes de comer, después de comer es la tarde).

8. B
Tenemos 5 cachorros de perro en perfectas condiciones *para dar en adopción.*
(A los perros pequeñitos se les llama "cachorros").

9. B
"Oferta válida *hasta finales de verano*".

10. C
"*Imprescindible hablar inglés fluido y disponer de permiso de trabajo*".

11. A
"Disfruta de *una forma nueva de viajar...*".

12. B
"... salidas semanales desde Málaga *todos los martes y sábados* durante todo el año...".

13. C
"... no se puede utilizar el ascensor entre las 10 h y las 13 h...".

Tarea 3

14. B
Buscamos cocinera – URGENTE [...] *Urgente. Disponibilidad inmediata."*

15. C
"... *Imprescindible*: experiencia en el sector deportivo... *inglés* y manejo de Excel...".

16. C
"... *Sueldo a convenir...*".

17. A
"*... imprescindible vehículo propio...*".

18. B
"... Buscamos cocinera... *con experiencia profesional mínimo de un año...*".

19. A
"... Contrato laboral... *Horario comercial de lunes a sábado*".

Tarea 4

20. A
"A los 12 años empezó a *pintar*".

21. B
"*Sus padres eran cultos, progresistas y tenían una buena posición económica*".
(Aquí puedes informarte sobre La Residencia de Estudiantes: http://www.residencia.csic.es/).

22. A
"La educaron *varios profesores que iban a su casa* a enseñarle las diferentes asignaturas".

23. C
"En 1958 realizó sus *dos primeras exposiciones individuales*".
('Individual' aquí significa que no participa ningún pintor más).

24. B
"Juana Mordó *le ofreció un contrato* con la galería Biosca".

25. C
"*Recibió, junto con* Antonio Banderas y Manuel José García Caparrós, *el título de* Hijo Predilecto de Andalucía".
(Hijo Predilecto de Andalucía es un título honorífico aprobado el día 10 de agosto, por decreto 156/1983, por el que se reconocen los méritos excepcionales o la distinción de quienes en relación con la región andaluza, por su trabajo o actuaciones, científicas, sociales o políticas, que hayan redundado en beneficio de Andalucía, se considere que sean acreedores de este premio, concedido por la Junta de Andalucía. Es la más alta distinción de la Comunidad Autónoma de Andalucía).

PRUEBA 2 COMPRENSIÓN AUDITIVA

Tarea 1

1. A
MUJER: [...] Maite y Rosa y tienen que llamarme hoy para decirme si vienen o no.
HOMBRE: Si no pueden venir, podemos llamar a Jose y Carmen [...]
MUJER: Bueno, pero llámalos ya y *mejor vamos los seis* [...]

2. B
HOMBRE: [...] *Es la cocina, no puedo cocinar porque no enciende.* Creo que se ha roto.

3. C
MUJER: Muchas gracias, entonces *vengo mañana a las ocho* más o menos.

4. C
MUJER: [...] mi hermano Raúl. Tiene 19 años y no hace nada; no estudia, no trabaja, *está todo el día con el móvil.*

5. B

MUJER: [...] *podemos regalarle una bolsa de deporte* [...] Le gustará, seguro.

6. B

MUJER: [...] He visto la publicidad de su escuela *en una revista [...]*

Tarea 2

7. B

"... ofertas de trabajo que se adaptan a tu perfil *en bolsatrabajo.com. Entra y busca ofertas de empleo* de forma fácil y rápida".

8. B

"... *cursos intensivos de inglés en plena naturaleza*".

9. A

"*Te preparamos para conocer* las variedades de plantas, *técnicas de riego* o características del suelo".

10. B

"También *ofrecemos alquiler de coches en la estación de tren AVE* de Málaga".

11. C

"Horarios de apertura: *de martes a domingo...*".

12. A

"... les comunica que tiene *en el puerto de La Caleta* a "La Niña"...".

Tarea 3

13. B

M.ª JOSÉ: Sí, soy afortunada, pero *no te creas que mi sueldo es bueno*. Trabajo mucho y cobro poco, pero ¡en fin...!

14. C

ENRIQUE: ¿Sabes algo de Andrea y Pablo? Hace casi dos años que no los veo.

M.ª JOSÉ: Sí, están trabajando en una ciudad en el norte de Inglaterra [...]

ENRIQUE: ¿Has ido a visitarlos?

M.ª JOSÉ: Sí, el año pasado me invitaron a su casa [...]

15. A

ENRIQUE: ¿Sabes algo de Andrea y Pablo? *Hace casi dos años* que no los veo.

16. B

ENRIQUE: ¿Has ido a visitarlos?

M.ª JOSÉ: Sí, *el año pasado me invitaron a su casa.* Pasé unos días estupendos [...]

17. A

ENRIQUE: La verdad es que prefiero quedarme aquí, pero *si tengo que viajar a otro país para trabajar, pues tampoco es grave* [...]

18. C

ENRIQUE: *Estoy haciendo un máster de marketing digital* en la universidad.

Tarea 4

19. I

"Por favor, ven, que *contigo seguro que lo preparo bien*".

20. C

"Marta, ¿qué tal *tu primer día de trabajo*?".

21. E

"Le llamamos para *recordarle que mañana tiene cita* con el dentista Ramírez...".

22. J

"*Se ruega al propietario del coche* Citroën C4 matrícula 3712 GFR *que lo retire* urgentemente, ya que está mal aparcado...".

23. A

"Alfonso, no te olvides de que *hemos cambiado de hora* y lugar para el partido de fútbol".

24. G

"les *comunicamos que a partir de hoy contamos con dos diferentes establecimientos: el restaurante* vegetariano *Comesano* y el gimnasio *En marcha*".

25. B

MUJER: Jardín botánico-histórico de La Concepción [...] se puede visitar individualmente de *forma libre o guiada. El servicio de guía* se paga aparte...

CLAVES DE RESPUESTA

PRUEBA 1 COMPRENSIÓN DE LECTURA

Tarea 1	1C	2B	3A	4B	5C			
Tarea 2	6A	7A	8B	9B	10C	11A	12B	13C
Tarea 3	14B	15C	16C	17A	18B	19A		
Tarea 4	20A	21B	22A	23C	24B	25C		

PRUEBA 2 COMPRENSIÓN AUDITIVA

Tarea 1	1A	2B	3C	4C	5B	6B	
Tarea 2	7B	8B	9A	10B	11C	12A	
Tarea 3	13B	14C	15A	16B	17A	18C	
Tarea 4	19I	20C	21E	22J	23A	24G	25B

EXAMEN 4

Compras y ocio

PRUEBA 1 COMPRENSIÓN DE LECTURA

Duración de la prueba: **60 minutos**
Número de tareas: **4**
Número de ítems: **25**

Tarea 1

Instrucciones:

Usted va a leer el correo electrónico que Sonia ha escrito a su amiga Sandra. A continuación, conteste a las preguntas (de la 1 a la 5). Seleccione la opción correcta (A, B o C).

¡Hola, Sandra! ¿Cómo va todo?
He hablado con Carmen y con Luis para lo del cumpleaños. ¿Vas a poder venir a las seis a mi casa? Hemos quedado para organizarlo todo cuanto antes porque Luis no puede la próxima semana, así que hemos pensado que este jueves es un buen día, también porque tú no trabajas. Podemos preparar la lista de las cosas que tenemos que comprar para la fiesta. Yo he pensado que es suficiente con 5 litros de refresco, bocadillos variados y unas buenas tortillas de patatas. ¿Qué te parece? Al final, vamos a ser ocho, contando con la hermana de Alfredo.
Creo que va a ser una gran sorpresa para él, todos sus amigos juntos... ¡¡y ese regalo tan bonito que vamos a comprarle!! La última vez que estuve con él, me enseñó los cuadros que había pintado y son preciosos. La caja que hemos visto tiene dos pisos con varias cajitas para guardar los lápices, los pasteles, las acuarelas y los pinceles. Había una que era más barata y no estaba mal... pero nos pareció más completa esta, aunque es un poquito cara. Yo creo que también podemos buscar algún libro de poesía o uno de arte para sus clases... Bueno, ya lo vemos entre todos.
Sandra, no te olvides de traerme la falda verde y los pendientes que te dejé, los voy a necesitar para el día del cumpleaños.
Nos vemos el jueves a las seis, llámame si surge algún problema.
Un beso,
Sonia

PREGUNTAS

1. Sonia escribe a Sandra para...
- [ ] A) darle noticias de los amigos.
- [ ] B) organizar una fiesta de cumpleaños.
- [ ] C) invitarla al cumpleaños de un amigo.

2. Sonia quiere quedar...
- [ ] A) para comprarse una falda.
- [ ] B) porque van a comprar un regalo.
- [ ] C) para preparar la lista de la compra.

3. Sonia le cuenta a Sandra...
- [ ] A) que está dando clases de dibujo con Alfredo.
- [ ] B) que Alfredo le ha regalado un cuadro.
- [ ] C) que ha visto unos cuadros de Alfredo.

4. Sonia propone...
- [ ] A) buscar un segundo regalo.
- [ ] B) comprar tres regalos.
- [ ] C) buscar dos regalos.

5. Sandra tiene que llevar...
- [ ] A) unos bocadillos y refrescos.
- [ ] B) una falda y unos pendientes.
- [ ] C) una caja para guardar pinturas.

Tarea 2 **Instrucciones:**

Usted va a leer ocho anuncios. A continuación, responda a las preguntas (de la 6 a la 13). Seleccione la opción correcta (A, B o C).

EJEMPLO

TEXTO 0

Pierde hasta 5 kilos en 2 semanas con *MIDIETA*ONLINE

En 15 días puedes perder entre 3 y 5 kilos sin pasar hambre, sin contar calorías, sin pesarte, sin batidos ni barritas. Únicamente con comida sana y natural.
Conoce una de las dietas más eficaces del momento. Se realiza con alimentos cotidianos, así que puedes adaptarla al período vacacional. Y ahora puedes beneficiarte de un descuento del 40 %. No apto para vegetarianos.

0. Según el anuncio, hay personas que...

- ■ A) no pueden tomar esta dieta.
- ☐ B) conocen bien esta dieta.
- ☐ C) no comen comida sana.

La opción correcta es **A** porque la dieta no es apta para vegetarianos.

TEXTO 1

Disfruta de Madrid en verano. No te vayas... ¡VEN AL TEATRO!

En los teatros de Madrid del ***Grupo Club Teatreros*** pensamos en los viajeros que vienen a pasar buenos momentos con nuestros espectáculos de danza y *ballet*. Si quieres disfrutarlos, compra tus entradas online en la cartelera de Grupo Club Teatreros. Cómodamente, desde tu ordenador, teléfono móvil o tablet, en pocos segundos y con la mayor seguridad.
www.grupoclubteatreros.com

6. El Grupo Club Teatreros...

- ☐ A) representa obras de teatro.
- ☐ B) hace teatro en Madrid.
- ☐ C) vende entradas para danza y *ballet*.

TEXTO 2

Cáceres ha sido nombrada Capital Gastronómica siguiendo el ejemplo de otras ciudades españolas como Vitoria, Burgos o Logroño. Famosa por su conjunto arquitectónico medieval declarado Patrimonio de la Humanidad, ahora también por su aceite, su jamón ibérico, su pimentón, sus cerezas, su miel y su queso, la ciudad recibe este título para todo un año. Visita sus restaurantes y bares de tapas y disfruta de todo su sabor.

7. En el anuncio...

- ☐ A) se propone la visita a una ciudad.
- ☐ B) se venden productos típicos.
- ☐ C) se informa sobre restaurantes.

TEXTO 3

El tradicional mercadillo que se celebra todos los jueves, se traslada a partir del próximo 14 de mayo a la calle El Val, en el centro del municipio. Por lo tanto, la parada o el estacionamiento de vehículos quedan prohibidos en el tramo de la calle El Val, que va del portal 1 al 16 todos los jueves entre las 7.30 y las 15.00 horas.

8. En este aviso se dice que...

- [ ] A) ya no hay mercadillo en la zona centro.
- [ ] B) no se puede aparcar antes de las 7:30 h.
- [ ] C) el mercadillo del jueves cambia de lugar.

TEXTO 4

EXCURSIONES

Descenso del río Sella

El Descenso Internacional del Sella se celebra el primer sábado de agosto posterior al día 2 de dicho mes entre Arriondas y Ribadesella, pero puedes practicarlo en cualquier momento. Antes del descenso del Sella, nuestros monitores imparten los cursos sobre nociones básicas de remo, descripción de la actividad y conocimientos del río Sella, entre otros. (Obligatorio saber nadar) Tfno. 616 53 28 96

9. Las excursiones...

- [ ] A) son el primer sábado de agosto.
- [ ] B) ofrecen formación con monitores.
- [ ] C) permiten bajar el río sin saber nadar.

TEXTO 5

El Ayuntamiento de Torrejón organiza un concurso de disfraces de época y otro de fotografía durante la celebración del Real Mercado Siglo de Oro. El plazo para inscribirse en el concurso de fotografía termina el próximo 27 de agosto. Las obras se pueden entregar desde el 31 de este mismo mes hasta el 2 de septiembre. El ganador va a recibir un vale de 100 euros para cambiar por productos fotográficos. Todos los interesados pueden consultar las bases de los concursos en la web del ayuntamiento.

10. Según el texto...

- [ ] A) hay un premio de 100 € en metálico.
- [ ] B) se van a celebrar dos concursos.
- [ ] C) hay que inscribirse en la web.

TEXTO 6

7 de abril / 18:00 horas - CENTRO DE ARTE AMANIEL
Presentación editorial: LA NIÑA ALGODÓN

El libro va ser presentado por Rafael Vivas y los autores Raúl Aguirre y David Sánchez, acompañados por una proyección de imágenes en las que aparecen durante su proceso de creación, ilustraciones del cuento y varios vídeos que nos hablan de Raquel, una niña diferente cuya debilidad es a la vez su fortaleza. Una actuación musical en directo va a abrir y cerrar el acto.

11. En la presentación del libro...
- [ ] A) van a tocar música.
- [ ] B) va a hablar Raquel.
- [ ] C) van a leer el cuento.

TEXTO 7

¿HAS CAMBIADO DE OPINIÓN?
¡Te damos una solución!

Nuestra política de devolución de productos. Tanto si cambias de opinión, como si regalas una talla equivocada o prefieres cambiar el color, ¡no hay problema! Te devolvemos el dinero y los gastos de envío si realizas tu devolución en 14 días naturales tras la recepción del producto, solo te descontamos el coste de la recogida.

12. El anuncio dice que...
- [ ] A) te devuelven el dinero en catorce días.
- [ ] B) puedes devolver tu compra fácilmente.
- [ ] C) tienes que pedir el cambio después de 14 días.

TEXTO 8

Tour cultural por
TOLEDO EN SEGWAY
Te proponemos un recorrido por los barrios históricos de Toledo, a bordo de un espectacular segway. Es la mejor forma de conocer esta ciudad llena de cuestas y desniveles. Esta ruta se realiza para grupos de 4 a 10 personas. Grupos de más de 10, consultar primero. Tel. 925 657 57 57
¡Te esperamos en Toledo!

13. Esta visita a Toledo se puede hacer...
- [ ] A) si vas con otras personas.
- [ ] B) con un tique individual.
- [ ] C) en grupos de 10 personas máximo.

Tarea 3 **Instrucciones:**

Usted va a leer tres textos de una guía gastronómica. Relacione las preguntas (de la 14 a la 19) con los textos (A, B o C).

	A. PINTO	B. ALCALÁ DE HENARES	C. ARANJUEZ
14. Puedes tapear y pasear por sus parques.			
15. Sus tapas ya fueron premiadas.			
16. Una tapa cuesta menos de dos euros.			
17. Sus vinos son productos de calidad.			
18. Tapear aquí puede tener premio.			
19. Algunas tapas no cuestan nada.			

A. Pinto. Ruta de la tapa

Esta ruta está centrada en las tostas que los establecimientos participantes ofrecen al precio de 1,5 euros. Es pues una buena ocasión para ir de tapas solo o sola, con pareja, amigos o en grupo. Los 15 bares y restaurantes que participan en esta ruta van a regalar papeletas a sus clientes para entrar en un sorteo de vales de compra en las tiendas y restaurantes que organizan la ruta valorados en 300 euros.

B. Alcalá de Henares. Tapeo

En la ruta de tapas alcalaína obtuvo el premio en la edición anterior el bar *El Tapón*, famoso por el tamaño muy generoso de sus tapas y su variedad. Otros bares y restaurantes de Alcalá ofrecen oreja de cerdo a la plancha, pinchos de morcilla y patatas bravas por 2,50 euros, y también muchos otros aperitivos gratis para seguir la tradición.

C. Aranjuez. Buenas tapas

El ambiente de los bares, el buen comer y sus excelentes vinos es el plan ideal para disfrutar a buen precio de la "Ruta de las tapas" en una ciudad llena de bellas calles y monumentos, donde el auténtico placer está servido: tapas de horno al carbón y surtido de tapas de ibéricos, quesos y paté de centollo, patatas al cabrales y huevos rotos con jamón... Para bajar la comida, nada mejor que pasear por los históricos y bellos jardines que adornan la ciudad.

Tarea 4 **Instrucciones:**

Usted va a leer un texto sobre la dieta mediterránea. A continuación, conteste a las preguntas (de la 20 a la 25). Seleccione la opción correcta (A, B o C).

¿Qué es la dieta mediterránea?

La Dieta Mediterránea es una valiosa herencia cultural que representa mucho más que una simple pauta nutricional rica y saludable. Es un estilo de vida equilibrado que recoge recetas, formas de cocinar, celebraciones, costumbres, productos típicos y actividades humanas diversas. Entre las muchas propiedades beneficiosas para la salud de este modelo alimentario se puede destacar el tipo de grasa que lo caracteriza (aceite de oliva, pescado y frutos secos), los ingredientes principales que tienen sus recetas (cereales y vegetales como base de los platos y carnes o similares como "guarnición") y la riqueza que contiene por la utilización de verduras de temporada, hierbas aromáticas y condimentos.

Así lo reconoció y celebró la UNESCO inscribiendo la Dieta Mediterránea en la Lista Representativa del Patrimonio Cultural Inmaterial de la Humanidad. La alimentación saludable que nos proporciona la Dieta Mediterránea, con gran número de alimentos y variadas recetas, es perfectamente compatible con el placer de probar sabrosos platos. Entre los 10 puntos de su Decálogo, podemos ver estos dos:

1. Utilizar el aceite de oliva como principal grasa de adición. Es un alimento rico en vitamina E y en otros elementos que cuidan el corazón. Este alimento representa un tesoro dentro de la dieta mediterránea, y ha perdurado a través de siglos entre las costumbres gastronómicas regionales, dando a los platos un sabor y aroma únicos.

2. Los alimentos poco procesados, frescos y de temporada son los más adecuados. Es importante consumir los productos de temporada ya que, sobre todo en el caso de las frutas y verduras, nos permite comerlos en su mejor momento, tanto por los nutrientes como por su aroma y sabor.

(Texto extraído de *www.dietamediterranea.com*)

PREGUNTAS

20. El texto habla de...
- ☐ A) una forma de comer sin grasas.
- ☐ B) un estilo de vida y alimentación.
- ☐ C) una manera de cocinar los alimentos.

21. La *Dieta Mediterránea* tiene...
- ☐ A) un valor cultural importante.
- ☐ B) muchos productos sabrosos.
- ☐ C) una lista de alimentos para cocinar.

22. Esta *Dieta* se caracteriza por...
- ☐ A) su cocina internacional.
- ☐ B) la variedad de alimentos y recetas.
- ☐ C) la costumbre de comer pescado.

23. Según el texto...
- ☐ A) las carnes son la base de los platos.
- ☐ B) los vegetales se consumen poco.
- ☐ C) los cereales son base de la *Dieta*.

24. En el texto se dice que...
- ☐ A) las grasas son necesarias en la dieta.
- ☐ B) el aceite de oliva es muy beneficioso.
- ☐ C) el aceite vegetal es la base de los platos.

25. La *Dieta Mediterránea* tiene...
- ☐ A) frutas y verduras frescas.
- ☐ B) alimentos bien cocinados.
- ☐ C) los mismos vegetales siempre.

PRUEBA 2 COMPRENSIÓN AUDITIVA

Duración de la prueba: **40 minutos**
Número de tareas: **4**
Número de ítems: **25**

Tarea 1

13

Instrucciones:

Usted va a escuchar seis conversaciones. Escuchará cada conversación dos veces. Después, tiene que contestar a las preguntas (de la 1 a la 6). Seleccione la opción correcta (A, B o C).

A continuación va a oír un ejemplo:

0. ¿Cómo tiene el pelo la mujer?

☐ A

☐ B

■ C

La opción correcta es la letra **C.** Tiene pelo castaño, largo y rizado.

CONVERSACIÓN 1

1. ¿Qué transporte usa el hombre normalmente?

☐ A

☐ B

☐ C

CONVERSACIÓN 2

2. ¿Qué prendas no tiene la mujer?

☐ A

☐ B

☐ C

CONVERSACIÓN 3

3. ¿Para qué quieren quedar?

☐ A

☐ B

☐ C

CONVERSACIÓN 4

4. ¿Qué alimento no va a tomar el hombre?

☐ A

☐ B

☐ C

CONVERSACIÓN 5

5. ¿Dónde piensan celebrarlo?

☐ A

☐ B

☐ C

CONVERSACIÓN 6

6. ¿Qué van a celebrar en el restaurante?

☐ A

☐ B

☐ C

Tarea 2

Instrucciones:

14

Usted va a escuchar seis anuncios de radio y tiene que responder a seis preguntas. Cada audición se repite dos veces. Lea las preguntas (de la 7 a la 12) y seleccione la opción correcta (A, B o C).

A continuación va a oír un ejemplo.

ANUNCIO 0

0. En este mensaje publicitario se anuncia...
- [ ] A) un descuento del 30% en gasolina.
- [ ] B) descuentos durante 15 días.
- [x] C) descuentos si usas una tarjeta.

La opción correcta es la letra **C** porque hay descuentos en ropa, calzado, etc., si pagas la gasolina con una tarjeta.

PREGUNTAS

AUDIO 1

7. En el anuncio...
- [ ] A) dicen cómo pintarse los labios.
- [ ] B) se presenta un pintalabios.
- [ ] C) se presenta la tienda *Lip Eterno*.

AUDIO 2

8. El *Festival* ofrece...
- [ ] A) cine además de música.
- [ ] B) comida y música.
- [ ] C) alojamiento gratuito.

AUDIO 3

9. Este anuncio va dirigido a...
- [ ] A) público amante de la música.
- [ ] B) personas que suelen tomar café.
- [ ] C) personas que necesitan actividad.

AUDIO 4

10. En la tienda *online* se venden...
- [ ] A) zapatos para cualquier ocasión.
- [ ] B) artículos de moda de segunda mano.
- [ ] C) prendas de vestir rebajadas.

AUDIO 5

11. El anuncio publicita muebles...
- [ ] A) de gran tradición.
- [ ] B) de varios estilos.
- [ ] C) prácticos y económicos.

AUDIO 6

12. Según el anuncio, la feria *gourmet*...
- [ ] A) expone productos españoles.
- [ ] B) presenta a 53 empresas españolas.
- [ ] C) se celebra siempre en Nueva York.

Tarea 3

Instrucciones:

15

Usted va a escuchar una conversación entre dos amigos, Juan e Irene. Indique si los enunciados (del 13 al 18) se refieren a Juan (A), a Irene (B) o a ninguno de los dos (C). Escuchará la conversación dos veces.

Ahora tiene 30 segundos para leer los enunciados.

	A. JUAN	B. IRENE	C. NINGUNO DE LOS DOS
0. *Va a cambiar de casa.*	☐	■	☐
13. Tiene un examen de idioma.	☐	☐	☐
14. Necesita comprar una lámpara.	☐	☐	☐
15. Va a ir al cine.	☐	☐	☐
16. No conoce el barrio.	☐	☐	☐
17. Tiene un sillón que no usa.	☐	☐	☐
18. Va a hacer la mudanza de la oficina.	☐	☐	☐

Tarea 4

16

Instrucciones:

Usted va a escuchar ocho mensajes, incluido el ejemplo. Cada mensaje se repite dos veces. Seleccione el enunciado (de la A a la K) que corresponde a cada mensaje (del 19 al 25). Hay once opciones, incluido el ejemplo. Seleccione siete.

A continuación va a oír un ejemplo.

MENSAJE 0

☐ A ☐ B ☐ C ☐ D ☐ E ☐ F ■ G ☐ H ☐ I ☐ J ☐ K

La opción correcta es la letra **G** porque ya tiene entradas.

Ahora tiene 45 segundos para leer los enunciados.

ENUNCIADOS

A. Hay un coche mal aparcado.
B. La llamada es para una reunión escolar.
C. Alguien va a recibir un premio.
D. Ya está hecha la reserva en el restaurante.
E. Avisan de fin de trayecto.
F. Estará situado en el centro de la ciudad.
G. *Van a ir a un concierto.*
H. Aviso de tren sin parada.
I. Pide un favor.
J. Tiene que llamar para recoger sus documentos.
K. Se celebra una comida familiar.

MENSAJES	ENUNCIADOS
Mensaje 0	**G**
19. Mensaje 1	
20. Mensaje 2	
21. Mensaje 3	
22. Mensaje 4	
23. Mensaje 5	
24. Mensaje 6	
25. Mensaje 7	

PRUEBA 3 EXPRESIÓN E INTERACCIÓN ESCRITAS

Duración de la prueba: **45 minutos**
Número de tareas: **2**

Tarea 1 **Instrucciones:**

Una amiga le escribe para proponerle organizar un mercadillo de objetos personales de segunda mano.

Mensaje nuevo

Para Cc Cco

Asunto

Hola, ¿qué tal?
¡Por fin tengo un rato para escribirte!
El otro día te comenté que tenía una idea para conseguir dinero para ayudar a las personas más necesitadas del barrio. Lo tengo todo pensado, pero necesito tu opinión y tu ayuda.
Quiero hacer un mercadillo de segunda mano para antes de Navidades, lo haríamos en la plaza un fin de semana. ¿Te gustaría organizarlo conmigo? Si tienes tiempo, podrías hablar con los vecinos para saber qué cosas tienen para el mercadillo.
Yo iré al Ayuntamiento para informarme de los permisos necesarios y la fecha concreta posible. Después podemos quedar y ver cómo podemos hacerlo todo.
Llámame y hablamos.
Claudia

Enviar

Conteste a su amiga. En el correo tiene que:

- saludar;
- hacerle alguna pregunta personal;
- comentar qué le parece la idea y si le interesa;
- explicar qué puede hacer usted o cómo lo haría;
- despedirse.

Número de palabras recomendadas: **entre 60 y 70.**

Tarea 2 **Instrucciones:**

Elija solo una de las dos opciones. En cada opción tiene que tratar todos los puntos.

OPCIÓN 1

Escriba un texto sobre la celebración de un cumpleaños. Usted, con otras personas, organizó el cumpleaños de su amiga. Hable de:

- el lugar y la fecha donde se celebró y qué personas asistieron;
- qué prepararon para comer y qué llevó cada persona;
- qué regalos recibió su amiga y qué le gustó más;
- qué actividades hicieron y cómo lo pasaron.

OPCIÓN 2

Usted tiene que escribir en la web de una tienda online su opinión sobre la compra que ha hecho. Esta imagen le puede ayudar.

Usted tiene que comentar:

- qué producto compró y sus características.
- si está contento con la compra y por qué.
- recomendar o desaconsejar la compra del producto.

Número de palabras recomendadas: **entre 70 y 80.**

PRUEBA 4 EXPRESIÓN E INTERACCIÓN ORALES

Duración de la prueba: **12 minutos**
Número de tareas: **3**
Preparación: **12 minutos** para preparar las tareas 1, 2 y 3. Puede tomar notas y escribir un borrador de sus respuestas. Durante la prueba, puede consultar sus notas pero no leerlas directamente.

Tarea 1 **Presentación de un tema** durante 2 o 3 minutos. (**Advertencia**: aunque aquí solo se ofrece una opción, en la prueba del día del examen usted debe elegir entre dos temas).

LA COCINA DE MI PAÍS

Instrucciones:

Hable de la cocina de su país. Hable de:
- las características que tiene la cocina de su ciudad o país;
- los alimentos más usados;
- los platos típicos;
- las costumbres de su país relacionadas con la comida;
- una receta tradicional de su país.

Tarea 2 **Descripción de una fotografía** durante 2 o 3 minutos. (**Advertencia**: aunque aquí solo se ofrece una opción, en la prueba del día del examen usted debe elegir entre dos fotos).

NO ME ENCUENTRO BIEN

Instrucciones:

Hable de la foto elegida durante dos o tres minutos. Usted debe hablar de:
- ¿Cómo son las personas de la foto (físico, personalidad que cree que tienen)? ¿Qué ropa llevan?
- ¿Dónde están esas personas? ¿Qué objetos hay? Describa el lugar.
- ¿Qué están haciendo las personas de la foto?
- ¿Qué relación cree que hay entre ellas?
- ¿Qué cree que piensan, o cómo cree que se sienten, estas personas? ¿Por qué?
- ¿Qué cree que han hecho antes? ¿Y qué van a hacer después?

Tarea 3 **Diálogo en una situación imaginada**, a partir de la fotografía que ha descrito en la tarea 2, durante 3 o 4 minutos.

Instrucciones:

Usted no se encuentra bien y necesita comprar algún medicamento. El examinador es el dependiente de una farmacia. Hable con él siguiendo estas indicaciones.

CANDIDATO

Durante la conversación tiene que:

- saludar y decir qué medicamento necesita comprar;
- explicar qué le pasa;
- preguntar por un champú especial u otro producto que también necesita y no recuerda el nombre;
- preguntar por el precio de cada cosa;
- pagar y despedirse.

Ejemplo de preguntas que puede hacer el examinador en la Tarea 3:

PREGUNTAS

Saludar

– Buenas tardes, ¿en qué puedo ayudarle?
– Hola, ¿necesita alguna cosa?

Explicar qué le pasa

– Pero ¿ha tenido fiebre?
– ¿Y le duele el cuerpo?

Preguntar por otros productos

– ¿El champú tiene ingredientes naturales?
– ¿Es una crema para el dolor muscular?

Preguntar por el precio de cada cosa

– La crema de 50 ml es más cara que el tubo de 100 ml. ¿Cuál prefiere?
– Esta otra está de oferta. ¿Le interesa?

Pagar y despedirse

– ¿Va a pagar en efectivo o con tarjeta?
– Aquí tiene su cambio. Gracias y que se mejore.

PRUEBA 1 COMPRENSIÓN DE LECTURA

Tarea 1

1. B

"... ¿vas a poder venir a las seis a mi casa? *Hemos quedado para organizarlo* todo cuanto antes...".

2. C

"... Podemos *preparar la lista de las cosas que tenemos que comprar* para la fiesta...".

(Cuando escribimos la lista de las cosas que vamos a comprar, hacemos la *lista de la compra*, normalmente cuando vamos a comprar alimentos).

3. C

"... La última vez que estuve con él, *me enseñó los cuadros que había pintado* y son preciosos...".

4. A

"... Yo creo que *también podemos buscar algún libro* de poesía o uno de arte para sus clases...".

(*segundo* es un número ordinal, los ordinales *primero* y *tercero* se acortan delante del nombre singular masculino: Vivo en el *primer piso* del portal 7).

5. B

"... Sandra, *no te olvides de traerme la falda verde y los pendientes* que te dejé...".

(Un ejemplo del uso de *traer/llevar*:

–Sandra, ¿me vas a *traer* la falda (aquí, a casa)?

–Sí, Sonia, te la voy a *llevar* (allí, a tu casa) mañana por la tarde).

Tarea 2

6. C

"... *espectáculos de danza y ballet.* Si quieres disfrutarlos, *compra tus entradas online en la cartelera de Grupo Club Teatreros...*".

(*cartelera* es un término que, en general, se usa para referirse a los espectáculos de cine, teatro y otros que se presentan en el momento en cada ciudad o región).

7. A

"*Cáceres* ha sido nombrada Capital Gastronómica... Famosa por su conjunto arquitectónico..., ahora también por su aceite, su jamón ibérico... *Visita sus restaurantes y bares de tapas y disfruta* de todo su sabor".

8. C

"*El tradicional mercadillo que se celebra todos los jueves, se traslada* a partir del próximo 14 de mayo *a la calle El Val*, en el centro del municipio...".

9. B

"... Antes del descenso del Sella, *nuestros monitores imparten los cursos sobre nociones básicas* de remo, descripción de la actividad y conocimientos del Río Sella...".

(*impartir un curso* significa que un profesor/monitor/docente da un curso o clases para enseñar a sus alumnos).

10. B

"El Ayuntamiento... organiza *un concurso* de disfraces de época *y otro* de fotografía...".

(La opción A no es correcta porque el premio es un vale o tique por valor de 100 euros y no 100 euros *en metálico*, que significa "en monedas o billetes").

11. A

"... *Una actuación musical en directo va a abrir y cerrar el acto*".

12. C

"Nuestra política de devolución de productos. [...], *¡no hay problema! Te devolvemos el dinero...*".

13. B

"Esta ruta *se realiza para grupos de 4 a 10 personas*. Grupos de más de 10, consultar primero...".

Tarea 3

14. C

"... Para bajar la comida, nada mejor que *pasear por los históricos y bellos jardines* que adornan la ciudad".

15. B

"En la ruta de tapas alcalaína *obtuvo el premio en la edición anterior el bar El Tapón*, famoso por...".

16. A

"Esta ruta está centrada en las tostas que los establecimientos participantes *ofrecen al precio de 1,5 euros...*".

17. C

"El ambiente de los bares, el buen comer y *sus excelentes vinos* es el plan ideal para disfrutar a buen precio...".

18. A

"... Los 15 bares y restaurantes que participan en esta ruta van a regalar papeletas a sus clientes *para entrar en un sorteo de vales de compra...*".

19. B

"... Otros bares y restaurantes de Alcalá ofrecen oreja de cerdo a la plancha, pinchos [...] y también *muchos otros aperitivos gratis* para seguir la tradición.

Tarea 4

20. B

"La Dieta Mediterránea... *Es un estilo de vida* equilibrado que *recoge recetas, formas de cocinar,* celebraciones, costumbres, *productos típicos* y actividades humanas diversas...".

21. A

"La Dieta Mediterránea es una valiosa *herencia cultural* que representa mucho más que una simple pauta nutricional rica y saludable... *recetas, formas de cocinar, celebraciones, costumbres, productos típicos y actividades humanas diversas...*".

22. B

"... La alimentación saludable que nos proporciona la Dieta Mediterránea, con *gran número de alimentos y variadas recetas*, es...".

23. C

"... los ingredientes principales que tienen sus recetas (*cereales* y vegetales *como base de los platos* y carnes o similares como "guarnición") y...".

24. B

"... Utilizar el aceite de oliva como principal grasa de adición. *Es un alimento rico en vitamina E y en otros elementos que cuidan el corazón...*".

(La opción C no es correcta porque el aceite vegetal, incluido el aceite de oliva, no es base de los platos, sino un alimento para cocinar o aliñar los platos y darles sabor).

25. A

"... Los alimentos... *frescos y de temporada* son los más adecuados. Es importante consumir los *productos de temporada* ya que, sobre todo en el caso de *las frutas y verduras*, nos permite comerlos en su mejor momento...".

(Llamamos *productos de temporada* a los productos que solo podemos consumir frescos en algunos meses del año).

PRUEBA 2 COMPRENSIÓN AUDITIVA

Tarea 1

1. B

HOMBRE: No, también voy a usar el metro y el autobús casi todos los días de este mes. *Tengo el coche en el taller y tiene una avería muy grande... Estaré sin el coche casi un mes.*

2. A

MUJER: Pues no tengo *el pantalón largo de piel ni la camisa...*

3. B

MUJER: Bueno, pues como te comenté ayer, que *estaría bien quedar esta semana para preparar el examen juntos.*

4. A

HOMBRE: Entonces, voy a tomar el arroz y un flan de huevo, por favor. Y una botella de agua, gracias. *Sin pan.*

5. C

HOMBRE: ¿Y dónde lo hacemos? ¿En tu casa? *Así podemos bañarnos en la piscina y cenar en el jardín...*

6. A

CLIENTE: En principio solo habíamos pensado en la cena; *queremos celebrar la boda* sin baile, como ya le dijimos.

Tarea 2

7. B

"... Con *Lip Eterno, el lápiz labial* que mantiene tus labios... como a ti te gusta... píntate con *Lip Eterno*... Busca en tu tienda *Lip Eterno*, la fuerza de la belleza".

(Un *lápiz labial* es lo mismo que un *pintalabios* o una *barra de labios)*.

8. A

"... el *Live Festival III* incluye un circuito de *conciertos* por diferentes bares de la ciudad... *y un cine-club* con una selección de las mejores proyecciones...".

(Cuando hablamos de cine, nos referimos a *películas, filmes* o *proyecciones* para hablar de lo mismo).

9. B

"... Cuando tomo mi café... siento que estoy en... *el café que me da lo que necesito para cada momento del día...*".

10. C

"... pero, si prefieres encontrar tu ropa o calzado a un *precio más económico*, en *nuestra sección de ofertas* los puedes encontrar...".

11. B

"... *Expomuebles Castilla* presenta *los nuevos diseños y los estilos más tradicionales* para satisfacer todos los gustos...".

12. A

"*Quesos, vinos, aceitunas, conservas de pescado, aceite de oliva o los jamones ibéricos procedentes de España* conquistan el mercado estadounidense... Un año más, España participa en la mayor feria gourmet...".

Tarea 3

13. A

JUAN: "... *tengo que estudiar para el examen de francés...*".

14. B

IRENE: "... *Necesito comprar algunas cosas* para la casa. También una estantería y *una lámpara de mesa para leer...*".

15. C

JUAN: "... bueno, he quedado para ir al cine, a las ocho, *pero no voy a ir...*".

16. B

IRENE: "Entonces... ¿puedes acompañarme? Ya sabes que no me gusta elegir [...] *además no conozco el barrio y no sé...*".

17. A

JUAN: "Si necesitas un sillón, *yo tengo uno en el trastero* que puede ser útil para ti".

18. C

JUAN: "... *Han hecho cambios en la oficina*, han quitado las mesas del centro y...".

Tarea 4

19. B

"Buenos días, le llamamos del Instituto Calderón para comunicarle que *la tutoría de su hijo* es el miércoles a las cinco y media...".

(*Tutoría* es el tiempo que dedica el profesor, reunido con un estudiante para ayudarlo u orientarlo en sus estudios. Si la reunión es con los padres recibe el mismo nombre).

20. J

"... Tenemos aquí *una carpeta con documentación* a nombre de Rafael... Si usted es Rafael Gómez, *llame al teléfono 936732897 para poder recogerla* de lunes a viernes, de 8 de la mañana a 4 de la tarde...".

21. C

"... *El premio al mejor bocadillo* es a las seis de la tarde...".

22. I

"... No he podido hacer la reserva todavía y me va a ser imposible mañana. ¿Puedes llamar tú? Una mesa para siete, sobre las nueve...".

23. E

"Señores viajeros, próxima estación Madrid Puerta de Atocha, *final de viaje.* Renfe les agradece...".

24. A

"Por favor *retire su vehículo...*".

25. F

MUJER: Alcalá de Henares celebra una vez más su Mercadillo Cervantino. *El mercadillo comienza el próximo jueves [...] El casco histórico se convierte en un escenario vivo* que nos transporta al pasado. *Allí puedes disfrutar de puestos callejeros, vendedores, artesanos,* cantantes e incluso vecinos vestidos a la manera de la época.

CLAVES DE RESPUESTA

PRUEBA 1 COMPRENSIÓN DE LECTURA

Tarea 1	1B	2C	3C	4A	5B			
Tarea 2	6C	7A	8C	9B	10B	11A	12B	13A
Tarea 3	14C	15B	16A	17C	18A	19B		
Tarea 4	20B	21A	22B	23C	24B	25A		

PRUEBA 2 COMPRENSIÓN AUDITIVA

Tarea 1	1B	2A	3B	4A	5C	6A	
Tarea 2	7B	8A	9B	10C	11B	12A	
Tarea 3	13A	14B	15C	16B	17A	18C	
Tarea 4	19B	20J	21C	22I	23E	24A	25F

EXAMEN 5

Ciudades y personas

PRUEBA 1 COMPRENSIÓN DE LECTURA

Duración de la prueba: **60 minutos**
Número de tareas: **4**
Número de preguntas: **25**

Tarea 1

Instrucciones:

Usted va a leer el correo electrónico que Julia ha escrito a su amigo Mikel. A continuación, conteste a las preguntas (de la 1 a la 5). Seleccione la opción correcta (A, B o C).

¿Qué tal, Mikel?
Por fin puedo escribirte y enviarte lo que me pediste, te adjunto el plano de la ciudad y te cuento un poco cómo es el barrio donde vas a vivir. Se llama Los Miradores y está situado al sur, un poco lejos del centro, pero con todos los servicios y bastantes parques. Hay uno muy grande cerca de tu casa, donde está la biblioteca. También hay un centro cultural municipal, donde hacen muchas actividades de teatro, conciertos y charlas casi todas las semanas. Yo colaboro en el taller de teatro los sábados por la tarde, ahora estamos preparando una obra con chicos de 6.º de Primaria. Con el centro de salud tenemos un problema y es que no hay especialidades, para eso tienes que desplazarte al hospital, que está un poco lejos... Pero, bueno, estamos muy bien comunicados, con autobuses que te llevan a todas partes y por esta zona tenemos suerte porque no hay mucho tráfico. Ah, y tenemos cine de verano; antes había dos pero ya solo queda uno. A mí me encanta ir a este cine que, además, está cerca de la playa... Por cierto, en la playa han abierto un bar con buena decoración y buena música, ¡te va a encantar! A veces la ciudad me parece pequeña, aburrida... pero creo que soy yo, que últimamente estoy más desanimada... Realmente me gusta mucho este barrio, también porque hay gente de muchos sitios y es una ciudad viva, con mucha actividad y gente diferente. Tengo un amigo que va a ser vecino tuyo, se llama Ismael y está estudiando diseño gráfico, como tú. Creo que podéis ser buenos amigos, es una persona muy tranquila pero con muchas inquietudes; lo mejor es que está en la Asociación vecinal y no te puedes imaginar todo lo que hemos conseguido para mejorar el barrio. Bueno, pronto vas a verlo con tus propios ojos. ¡Te espero dentro de un mes!
Besos y besos,
Julia

PREGUNTAS

1. Julia escribe a Mikel para...
- ☐ A) quedar el próximo mes.
- ☐ B) contarle cómo es la ciudad.
- ☐ C) hablarle de su amigo Ismael.

2. El barrio Los Miradores tiene...
- ☐ A) transporte público.
- ☐ B) un teatro.
- ☐ C) un hospital.

3. Mikel va a vivir en...
- ☐ A) el centro de la ciudad.
- ☐ B) la zona sur de la ciudad.
- ☐ C) la zona norte de la ciudad.

4. Julia dice que...
- ☐ A) está feliz.
- ☐ B) está muy aburrida.
- ☐ C) se siente desanimada.

5. Ismael es una persona...
- ☐ A) tranquila.
- ☐ B) nerviosa.
- ☐ C) estudiosa.

Tarea 2 **Instrucciones:**

Usted va a leer ocho anuncios. A continuación, responda a las preguntas (de la 6 a la 13). Seleccione la opción correcta (A, B o C).

EJEMPLO

TEXTO 0

SE ALQUILA plaza de coche en Edificio La Joya, junto al Centro de Salud. Ideal si trabajas por el centro, o en el Ambulatorio. Parking amplio. Más información llamando al teléfono 617 196 110.

0. En el anuncio se ofrece...

- [x] A) el alquiler de un aparcamiento.
- [ ] B) trabajo en el Ambulatorio.
- [ ] C) *parking* en el Centro de Salud.

La opción correcta es **A** porque se alquila plaza de coche.

TEXTO 1

¿Tienes tiempo y quieres aprovecharlo?
COMPARTE TU TIEMPO

En Banco del Tiempo la unidad de pago es la hora. Si dispones de tiempo, puedes realizar a alguien un servicio (por ejemplo, de peluquería) de forma gratuita durante una hora y recibir de esa persona la ayuda necesaria para la actividad que no puedes o prefieres no hacer (por ejemplo, planchar unas camisas).

¿TIENES TIEMPO? **Busca el Banco del Tiempo en tu localidad.**

6. El Banco del Tiempo permite...

- [ ] A) cobrar por horas.
- [ ] B) ayudar a otra persona.
- [ ] C) aprender peluquería.

TEXTO 2

COLEGIO EUROPA Desfile de Carnaval

¡Hola, madres y padres! Ya queda menos para nuestra fiesta. Recordad que, además de hacer vuestro disfraz, podéis participar en el tradicional concurso de bizcochos, y para el pasacalles, vamos a hacer mucho ruido, así que también podéis traer pitos, cacerolas, etc. Por favor, si queréis apuntaros para alguna actividad en concreto, enviad un correo a ampa.europa@gmail.com.
GRACIAS por colaborar.

7. Para el Desfile, se pide...

- [ ] A) apuntarse en un concurso.
- [ ] B) comprar los disfraces.
- [ ] C) hacer ruido con pitos.

TEXTO 3

El próximo sábado 20 de junio

cena inauguración terraza verano en Pinar Marea.

Por solo **20 €** disfruta de nuestra Carta de Verano con la actuación en directo de ***ME & THEY*** y muchas más sorpresas.

C/ San Martín S/N, San Pedro del Pinatar, 30740 (Murcia).
Teléfono: 968 18 61 55 / info@pinarmarea.com

8. Según el texto, ...

- [ ] A) la cena con actuación es gratis.
- [ ] B) se abre una terraza de verano.
- [ ] C) es necesario reservar mesa.

TEXTO 4

Jardinería FUENTES dispone de un equipo técnico y humano preparado para hacer proyectos y obras de jardines, parques públicos y arbolado vial. Somos especialistas en la mejora de zonas forestales y sistemas de riego. También nos dedicamos a ajardinar polígonos industriales y zonas residenciales. Precios competitivos. Teléfono: 656 28 74 53

9. Esta empresa realiza trabajos en...

- [ ] A) zonas industriales.
- [ ] B) edificios públicos.
- [ ] C) interiores de viviendas.

TEXTO 5

Se abre un nuevo Centro de Especialidades médicas para atender a 60 000 ciudadanos de once municipios

En este nuevo centro público se realizan consultas en horario de mañana y tarde de nueve de las especialidades más necesitadas por la población: psicología, psiquiatría, neurología, aparato locomotor, dermatología, oftalmología, ginecología, otorrinolaringología y cardiología.

10. Un nuevo centro médico se abre...

- [ ] A) hasta las 9 de la tarde.
- [ ] B) con nueve especialidades.
- [ ] C) en once municipios.

TEXTO 6

Feria del Libro de Córdoba

La 42.ª edición de la Feria se inicia el 18 de abril y ofrece alrededor de un centenar de actividades entre presentaciones de libros, encuentros con autores, talleres para niños o conferencias. Con 36 casetas y la presencia de importantes escritores, que esperan firmar multitud de ejemplares de su obra, se sitúa en el bulevar Gran Capitán hasta su cierre el 26 de abril.

11. Según el texto, la Feria...

☐ A) empieza a mediados de abril.

☐ B) comienza a finales de abril.

☐ C) cierra con la firma de libros.

TEXTO 7

Si el trabajo o las inquietudes personales obligan a un cambio de domicilio, de ciudad o de país, en **Mudanzas Urbanita S.L.** entendemos la preocupación del cliente y ponemos toda la profesionalidad y cuidado necesario para realizar su mudanza local o nacional e internacional. La nueva casa es, de nuevo, su hogar.

12. Según el anuncio, esta empresa...

☐ A) se dedica a decorar casas nuevas.

☐ B) tiene un nuevo domicilio.

☐ C) hace mudanzas a cualquier lugar.

TEXTO 8

HOSPITAL INFANTAS. Servicio de Aparato Digestivo.

Estas pruebas médicas con anestesia producen sensación de sueño con disminución de la atención y capacidad de concentración hasta que el fármaco ha sido eliminado del organismo. Por ello, debe ir al Hospital acompañado de un adulto hasta la llegada a su domicilio. No debe estar solo al menos durante las tres primeras horas.

13. Este aviso sobre pruebas médicas dice que...

☐ A) se pueden hacer a domicilio.

☐ B) es mejor estar con alguien.

☐ C) duran casi tres horas.

Tarea 3 **Instrucciones:**

Usted va a leer tres textos sobre ciudades. Relacione las preguntas (de la 14 a la 19) con los textos (A, B o C).

	A. SALAMANCA	B. SEVILLA	C. CÓRDOBA
14. Las terrazas en verano son un atractivo para los turistas.			
15. Los monumentos y la gente son el interés de su centro histórico.			
16. Celebran una festividad de interés turístico.			
17. En verano, la ciudad se prepara para protegerse de las altas temperaturas.			
18. Tiene una plaza mayor muy bonita.			
19. Es una de las primeras ciudades europeas.			

A. Salamanca

La Universidad es uno de los símbolos de Salamanca, pero d onde reside la magia de esta ciudad es en su plaza mayor, que tiene la fama de ser la más espectacular de España. También destacan sus dos catedrales, la Catedral Vieja y la Nueva, y la Casa de las Conchas. Además, desde 2003, su Semana Santa está declarada de Interés Turístico Internacional.

B. Sevilla

El clima de Sevilla es un clima mediterráneo. El frío del invierno es seco y el verano es muy caluroso, con temperaturas entre 35-38º, y algunos días se superan los 40º. Los edificios tienen potentes equipos de aire acondicionado, los bares y restaurantes instalan en sus terrazas unos sistemas de agua pulverizada y en las calles se colocan unos toldos para evitar la entrada del sol, etc., todo esto permite seguir disfrutando de todo lo que ofrece la ciudad de ocio y turismo.

C. Córdoba

Córdoba, una de las ciudades más antiguas de Europa, entre sierra, valle del Guadalquivir y campiña, ha sido cuatro veces capital a lo largo de su historia. Aporta al Patrimonio de la Humanidad sus murallas, puentes, templos, tradiciones y grandes personajes, pero también la vida de su casco histórico: gentes sencillas, plazas, patios, pequeñas calles, mansiones y monumentos aún sin descubrir.

Tarea 4 **Instrucciones:**

Usted va a leer un texto del blog "Grafiteros". A continuación, conteste a las preguntas (de la 20 a la 25). Seleccione la opción correcta (A, B o C).

EL GRAFITI, VOCES DE LA CALLE

En la ciudad, el espacio y el tiempo de las relaciones sociales están en constante cambio y también los modos de comunicación con el mundo y con uno mismo. Uno de los resultados de ese deseo de comunicación constante es el arte urbano del GRAFITI, palabra que viene del italiano *graffiti* y se entiende como 'dibujo o pintura hecha en las paredes o muros de espacios públicos'. Los grafitis, a través de las palabras, las imágenes, los dibujos y el color, se han convertido en nuevas formas de expresión en las ciudades. Crean un lenguaje para comunicar ideas e imaginar otros mundos posibles: desde la pared o el muro donde están pintados, los grafitis nos hablan con mensajes humorísticos o críticos o sencillos; también, artísticos y creativos... El grafitero elige en qué zona de la ciudad pone su mensaje y con qué técnica lo expresa, así decide a quién dirige su mensaje y cuál es su intención: compartir una idea, o discutirla, o simplemente ser conocidos.

Aunque en muchas ciudades lo ven como "simple destrucción", porque se gastan cada año millones de euros en limpieza; en otras, se organizan concursos que permiten vestir algunas de las paredes más descuidadas de la ciudad y los artistas grafiteros pueden desarrollar su talento y enseñarlo a la gente. Al autor de grafitis le gusta algo tan sencillo como saber que una persona que ve sus pintadas, se siente tocada en los próximos dos minutos por sus emociones y las ideas y sentimientos que con ellas transmite y, de alguna manera, quiere compartir.

(Información extraída de *http://www.slideshare.net/*)

PREGUNTAS

20. El texto habla de...
- ☐ A) diseño de ciudades.
- ☐ B) los medios de comunicación.
- ☐ C) una forma de arte urbano.

21. El texto dice que el grafiti...
- ☐ A) expresa ideas.
- ☐ B) no transmite sentimientos.
- ☐ C) niega las emociones.

22. Según el texto, los grafiteros...
- ☐ A) solo ensucian la ciudad.
- ☐ B) intentan comunicarse.
- ☐ C) no tienen talento.

23. Según el texto, algunas ciudades...
- ☐ A) apoyan el grafiti.
- ☐ B) prohíben el grafiti.
- ☐ C) no tienen grafitis.

24. En el texto se dice que las pintadas...
- ☐ A) se hacen en dos minutos.
- ☐ B) son escenas simples.
- ☐ C) son ideas para compartir.

25. La intención del texto es...
- ☐ A) valorar la expresión del grafiti.
- ☐ B) señalar inconvenientes del grafiti.
- ☐ C) presentar distintas formas del grafiti.

PRUEBA 2 COMPRENSIÓN AUDITIVA

Duración de la prueba: **40 minutos**
Número de tareas: **4**
Número de ítems: **25**

Tarea 1 **Instrucciones:**

17

Usted va a escuchar seis conversaciones. Escuchará cada conversación dos veces. Después, tiene que contestar a las preguntas (de la 1 a la 6). Seleccione la opción correcta (A, B o C).

A continuación va a oír un ejemplo:

0. ¿Qué ha propuesto Mateo?

☐ A ☐ B ■ C

La opción correcta es la letra **C.** Ver una actuación de jazz.

CONVERSACIÓN 1

1. ¿Qué carne está de oferta?

☐ A ☐ B ☐ C

CONVERSACIÓN 2

2. ¿Qué necesita el hombre para solicitar el carné?

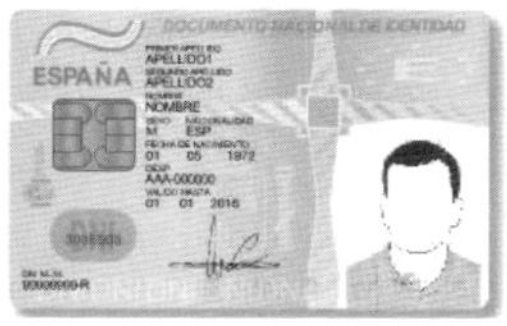

☐ A ☐ B ☐ C

CONVERSACIÓN 3

3. ¿Qué fruta no necesitan comprar?

☐ A

☐ B

☐ C

CONVERSACIÓN 4

4. ¿Dónde pasará sus vacaciones el hombre?

☐ A

☐ B

☐ C

CONVERSACIÓN 5

5. ¿Qué le preocupa más a su dueño?

☐ A

☐ B

☐ C

CONVERSACIÓN 6

6. ¿Qué prefiere visitar la mujer?

☐ A

☐ B

☐ C

Tarea 2

Instrucciones:

18

Usted va a escuchar seis anuncios de radio y tiene que responder a seis preguntas. Cada audición se repite dos veces. Lea las preguntas (de la 7 a la 12) y seleccione la opción correcta (A, B o C).

A continuación va a oír un ejemplo.

ANUNCIO 0

0. En este mensaje se anuncia...

- [ ] A) una película para niños.
- [ ] B) una película subtitulada.
- [x] C) una nueva película.

La opción correcta es la letra **C** porque se anuncia el estreno de la película.

PREGUNTAS

AUDIO 1

7. En el anuncio se ofrece un servicio...

- [ ] A) de taxi entre las 7 y las 24 h.
- [ ] B) de paradas de taxi.
- [ ] C) de taxi a cualquier hora.

AUDIO 2

8. Este anuncio va dirigido a...

- [ ] A) los peatones.
- [ ] B) los conductores.
- [ ] C) los ciclistas.

AUDIO 3

9. El tema del concurso es...

- [ ] A) un municipio.
- [ ] B) el dinero.
- [ ] C) un edificio.

AUDIO 4

10. Las entradas al Parque...

- [ ] A) son más baratas en la web.
- [ ] B) son gratis para los niños.
- [ ] C) son más baratas el 9 de octubre.

AUDIO 5

11. El anuncio dice que hay obras...

- [ ] A) en la línea 3 de metro.
- [ ] B) en la línea 4 de metro.
- [ ] C) en la línea 2 de metro.

AUDIO 6

12. Según el anuncio, todos conocían...

- [ ] A) la voz de la periodista.
- [ ] B) la vida de la escritora.
- [ ] C) los personajes de sus libros.

Tarea 3 **Instrucciones:**

19

Usted va a escuchar una conversación entre dos amigos, Inés y Paco. Indique si los enunciados (del 13 al 18) se refieren a Inés (A), a Paco (B) o a ninguno de los dos (C). Escuchará la conversación dos veces.

Ahora tiene 30 segundos para leer los enunciados.

	A. INÉS	**B. PACO**	**C. NINGUNO DE LOS DOS**
0. *Está preparando un trabajo.*	■	☐	☐
13. Es un poco egoísta.	☐	☐	☐
14. Le ofrece sus fotos.	☐	☐	☐
15. Ha estado en cama con fiebre.	☐	☐	☐
16. Vive con su hermano.	☐	☐	☐
17. Hace bastante que no ve a Laura.	☐	☐	☐
18. Habló con Laura hace poco.	☐	☐	☐

Tarea 4 Instrucciones:

20

Usted va a escuchar ocho mensajes, incluido el ejemplo. Cada mensaje se repite dos veces. Seleccione el enunciado (de la A a la K) que corresponde a cada mensaje (del 19 al 25). Hay once opciones, incluido el ejemplo. Seleccione siete.

A continuación va a oír un ejemplo.

MENSAJE 0

■ A □ B □ C □ D □ E □ F □ G □ H □ I □ J □ K

La opción correcta es la letra **A** porque le pregunta qué tal va.

Ahora tiene 45 segundos para leer los enunciados.

ENUNCIADOS

A. *La llama para saber cómo está.*
B. Lo venden más barato.
C. Cambio de día para verse.
D. Va a llamarla después.
E. Llaman del curso de pintura.
F. Aviso de horario de cierre.
G. La cita es la próxima semana.
H. Abren a las nueve.
I. Plan para el sábado por la noche.
J. Sus datos no estaban completos.
K. Su hijo está muy triste.

MENSAJES	ENUNCIADOS
Mensaje 0	**A**
19. Mensaje 1	
20. Mensaje 2	
21. Mensaje 3	
22. Mensaje 4	
23. Mensaje 5	
24. Mensaje 6	
25. Mensaje 7	

PRUEBA 3 EXPRESIÓN E INTERACCIÓN ESCRITAS

Duración de la prueba: **45 minutos**
Número de tareas: **2**

Tarea 1 **Instrucciones:**

Un amigo le escribe para invitarle a salir y conocer la ciudad.

Mensaje nuevo

Para Cc Cco

Asunto

Hola:
¿Qué tal estás? Espero que mejor que la última vez.
¿Ya te has adaptado a esta ciudad?
Me gustaría invitarte a salir con mis amigos del club "Somos del barrio".
Casi todos los miércoles por la tarde hacemos un paseo por la ciudad para conocer la historia de edificios, plazas y calles.
Creo que es una buena actividad para ti, así conocerás mejor esta ciudad y podrás disfrutarla más.
Además de los paseos, solemos reunirnos en algún bar para tomar algo y organizar la salida del siguiente miércoles.
¿Qué te parece? ¿Quieres unirte a nosotros?
Contéstame rápido para contar contigo.
Manuel

Enviar

Conteste a su amigo. En el correo tiene que:
- saludar;
- hacerle alguna pregunta personal;
- comentar si le interesa o no el plan;
- proponer alguna actividad con él o con el club;
- despedirse.

Número de palabras recomendadas: **entre 60 y 70.**

Tarea 2 **Instrucciones:**

Elija solo una de las dos opciones. En cada opción tiene que tratar todos los puntos.

OPCIÓN 1

Escriba un texto sobre su ciudad. Usted visitó con un amigo el casco histórico. Hable de:

- el lugar y la fecha de la visita;
- qué vieron y qué hicieron;
- qué le gustó más a su amigo;
- qué visitarán otro día.

OPCIÓN 2

Usted tiene que escribir para una web sobre una ciudad. Estas fotos le pueden ayudar.

Usted tiene que comentar:

- dónde está esa ciudad y cómo es.
- cómo viven sus habitantes (costumbres, rutinas, actividades...).
- qué aspectos de la ciudad le gustan más y cuáles menos.

Número de palabras recomendadas: **entre 70 y 80.**

PRUEBA 4 EXPRESIÓN E INTERACCIÓN ORALES

Duración de la prueba: **12 minutos**
Número de tareas: **3**
Preparación: **12 minutos** para preparar las tareas 1, 2 y 3. Puede tomar notas y escribir un borrador de sus respuestas. Durante la prueba, puede consultar sus notas pero no leerlas directamente.

Tarea 1 **Presentación de un tema** durante 2 o 3 minutos. (**Advertencia**: aunque aquí solo se ofrece una opción, en la prueba del día del examen usted debe elegir entre dos temas).

UNA GRAN CIUDAD

Instrucciones:

Hable de las ciudades. Hable de:
- las características de las grandes ciudades;
- las ciudades donde ha vivido o que ha visitado;
- si prefiere vivir en un entorno urbano o rural;
- los servicios más importantes que debe ofrecer una ciudad;
- la ciudad que no conoce todavía y le gustaría visitar.

Tarea 2 **Descripción de una fotografía** durante 2 o 3 minutos. (**Advertencia**: aunque aquí solo se ofrece una opción, en la prueba del día del examen usted debe elegir entre dos fotos).

EN LA ESTACIÓN

Instrucciones:

Hable de la foto elegida durante dos o tres minutos. Usted debe hablar de:
- ¿Cómo son las personas de la foto (físico, personalidad que cree que tienen)? ¿Qué ropa llevan?
- ¿Dónde están esas personas? ¿Qué objetos hay? Describa el lugar.
- ¿Qué están haciendo las personas de la foto?
- ¿Qué relación cree que hay entre ellas?
- ¿Qué cree que piensan, o cómo cree que se sienten, estas personas? ¿Por qué?
- ¿Qué cree que han hecho antes? ¿Y qué van a hacer después?

Tarea 3 **Diálogo en una situación imaginada,** a partir de la fotografía que ha descrito en la tarea 2, durante 3 o 4 minutos.

Instrucciones:

Usted se va de viaje y quiere comprar un billete. El examinador es quien le atiende en ventanilla. Hable con él siguiendo estas indicaciones.

CANDIDATO

Durante la conversación tiene que:

- saludar y decir a dónde va de viaje;
- preguntar por los horarios;
- pedir los billetes que quiere;
- preguntar si hay descuentos;
- pagar y despedirse.

Ejemplo de preguntas que puede hacer el examinador en la Tarea 3:

PREGUNTAS

Saludar

– Buenos días, ¿qué deseaba?

– Buenas tardes, ¿dónde va?

Preguntar por los horarios

– Entonces, ¿prefiere más tarde?

– ¿Y qué hora sería la vuelta?

Pedir los billetes

– ¿Todos son adultos?

– ¿Cuántas personas viajan?

Preguntar por los descuentos

– ¿Viaja usted con niños? Los menores de 12 años pagan el 50%.

– ¿Entonces para el jueves con descuento del 10%?

Pagar y despedirse

– ¿En efectivo o con tarjeta?

– ¡Buen viaje!

PRUEBA 1 COMPRENSIÓN DE LECTURA

Tarea 1

1. B

"... te adjunto *el plano de la ciudad* y te cuento un poco *cómo es el barrio donde vas a vivir*".

2. A

"... *estamos muy bien comunicados, con autobuses que te llevan a todas partes*...".

(Decimos que un lugar *está bien comunicado* si tiene *transporte público* y carreteras para *desplazarse / ir* con facilidad a otros lugares de la zona).

3. B

"... y *está situado al sur*, un poco lejos del centro...".

4. C

"... últimamente *estoy más desanimada*...".

(La palabra *desanimada* significa "sin ánimo o energía", lo contrario de *animada).*

5. A

"... Creo que podéis ser buenos amigos, *es una persona muy tranquila* pero con muchas inquietudes...".

Tarea 2

6. B

"Si dispones de tiempo, *puedes realizar* a alguien *un servicio* (por ejemplo, de peluquería) *de forma gratuita*...".

(En muchas localidades españolas se organizan *bancos de tiempo* para intercambiar servicios domésticos o profesionales sin usar dinero, solo tiempo libre).

7. C

"... Recordad que, además de hacer vuestro disfraz, podéis participar en el tradicional concurso de bizcochos, y *para el pasacalles, vamos a hacer mucho ruido*, así que también podéis traer pitos, cacerolas, etc. ... Gracias por colaborar".

(La palabra *pasacalles* es una palabra compuesta: pasa(r)-calles = desfilar por las calles. Un pasacalles es un desfile. *Pito* es un instrumento pequeño que produce un sonido agudo cuando soplamos por él; también se llama *silbato*).

8. B

"El próximo sábado 20 de junio cena *inauguración terraza verano* en *Pinar Marea*".

(*inauguración* = comienzo o apertura; en oposición a *clausura* = fin o cierre).

9. A

"También nos dedicamos a *ajardinar polígonos industriales* y zonas residenciales...".

(Un *polígono industrial* es la zona alrededor de una población con *oficinas e instalaciones de empresas* dedicadas a distintas industrias. *Ajardinar* significa "hacer jardines").

10. B

"*En este nuevo centro público se realizan consultas* en horario de mañana y tarde *de nueve de las especialidades más necesitadas*...".

11. A

"La 42.ª edición de *la Feria se inicia el 18 de abril*...".

(El verbo *iniciar* significa lo mismo que *empezar* o *comenzar*).

12. B

"Nuestra política de devolución de productos. [...], *¡no hay problema! Te devolvemos el dinero [...]*".

13. A

"Esta ruta *se realiza para grupos de 4 a 10 personas*. Grupos de más de 10, consultar primero [...]".

Tarea 3

14. B

"[...] los bares y restaurantes instalan en sus terrazas unos sistemas de agua pulverizada y [...] esto permite *seguir disfrutando de todo lo que ofrece la ciudad de ocio y turismo.*"

15. C

"Aporta al Patrimonio de la Humanidad sus murallas, puentes, templos [...], pero también *la vida de su casco histórico: gentes sencillas, plazas [...] monumentos aún sin descubrir.* [...]"

16. A

"[...] Además, desde 2003, *su Semana Santa está declarada de Interés Turístico Internaciona*"

17. B

"[...] Los edificios tienen *potentes equipos de aire acondicionado* [...] y en las calles se colocan *unos toldos para evitar la entrada del sol*, etc., [...]"

18. A

"[...] donde reside la magia de esta ciudad es en *su plaza mayor, que tiene la fama de ser la más espectacular de España* [...]"

19. C

"Córdoba, *una de las ciudades más antiguas de Europa* [...] ha sido cuatro veces capital a lo largo de su historia."

Tarea 4

20. C

"Uno de los resultados de ese deseo de comunicación constante es *el arte urbano del GRAFITI*".

21. A

"Crean *un lenguaje para comunicar ideas e imaginar otros mundos posibles*".

22. B

"El grafitero elige en qué zona de la ciudad pone su mensaje y con qué técnica lo expresa, así decide a quién dirige su mensaje y cuál es su intención: compartir una idea...".

23. A

"Aunque en muchas ciudades lo ven como «simple destrucción»... en otras, *se organizan concursos* que permiten vestir algunas de las paredes más descuidadas de la ciudad *y los artistas grafiteros pueden desarrollar su talento* y enseñarlo a la gente".

24. C

"... saber que *una persona que ve sus pintadas*, se siente tocada en los próximos dos minutos por *sus emociones y las ideas y sentimientos* que con ellas transmite y, de alguna manera, *quiere compartir*".

25. A

"En la ciudad... el *arte urbano* del GRAFITI... los dibujos y el color, se han convertido en *nuevas formas de expresión*... y los artistas grafiteros pueden *desarrollar su talento*...".

PRUEBA 2 COMPRENSIÓN AUDITIVA

Tarea 1

1. B
HOMBRE: Por supuesto, ¿sólo quiere cuatro? *Hoy, el cordero está en oferta*, están a nueve con noventa. ¿Le pongo un kilo? Puede congelarlo sin problema.

2. B
MUJER: Si vive aquí, *sólo tiene que traer una foto de la niña y rellenar este impreso* con sus datos. Le damos el carné en el momento.

3. A
MUJER: Sí, compra plátanos y fresas, *no compres manzanas, que tenemos todavía*. Y unas cebollas, y tomates para gazpacho. ¿Lo tienes claro?

4. B
HOMBRE: No, *repito hotel, porque me encantó el año pasado*. Está muy cerca de la playa y está muy bien de precio, además la comida es excelente.

5. A
HOMBRE: [...] Una cosa importante: *la perra es bastante nerviosa y a veces intenta morder* [...]

6. C
TURISTA: Bueno, ya he estado aquí otras veces y he visitado algunos museos [...] Prefiero conocer otros lugares para ver un poco la vida de esta ciudad. Bueno, *al Parque del Retiro sí pienso ir... Me apetece pasear tranquilamente...*

Tarea 2

7. C
"*Su taxi, 24 horas al día y 7 días a la semana*. Teléfono Central 24 horas marcando el 91 547 82 00".

8. B
"*¿Estás preparado para dejar tu coche aparcado* al menos durante 24 horas?... Súbete a la bicicleta o... al transporte público. O muévete a pie...".
(Fíjate: *ir en* coche/autobús/bici, pero *ir/moverse a pie*).

9. A
"*El tema es el Municipio de Almenara*: sus edificios, las fuentes, las calles... y también la actividad de su gente".

10. A
"El precio de adulto, *si reservas en la web*, es de 29,90 euros y para los niños, 13,90".

11. C
"Según Transportes, *las obras de mejora* en el metro... Se cierra el servicio *de la línea 2... por mejoras* en un tramo de 200 metros de longitud del túnel...".

12. B
"*Todos conocían* algún libro de la escritora y también *su biografía*, y participaron con entusiasmo...".

Tarea 3

13. C
PACO: Oye, ¿y qué pasó con el piso? ¿Lo sigue compartiendo con su hermano? Me acuerdo de los problemas que tenía con él. *Es que era un poco egoísta* y maleducado, ¿no? Laura es todo lo contrario, tan generosa y educada...

14. B
PACO: *Si quieres, puedo ayudarte un poco. Tengo muchas fotos que, creo, pueden ser buenas para lo que quieres hacer.*

15. C
INÉS: Bien, aunque últimamente la veo bastante desanimada y cansada. Es que tiene mucho trabajo y... también ha estado enferma casi dos semanas, *con dolor de espalda y fiebre, casi sin poder moverse de la cama* [...]

16. C
PACO: Oye, ¿y qué pasó con el piso? ¿Lo sigue compartiendo con su hermano? [...]
INÉS: Ya no vive con él, se fue a un apartamento y vive sola [...]

17. B
JUAN: Si necesitas un sillón, *yo tengo uno en el trastero* que puede ser útil para ti.

18. A
INÉS: Bueno, *hablé con Laura hace dos días* y ella tiene algunas ideas muy buenas, sobre todo para el tema de Buenos Aires y Bogotá.

Tarea 4

19. D
"*Te vuelvo a llamar luego*, tengo que entrar a clase en medio minuto...".
(Fíjate en la posición del pronombre, antes del verbo conjugado: *Te* vuelvo a llamar. También podemos decir "Vuelvo a *llamarte*", con el pronombre colocado detrás del infinitivo).

20. J
"... buenas tardes, te llamo para *darte los datos que me pediste*".

21. F
"Señores clientes, *la tienda cierra sus puertas* a las nueve".

22. G
"... le llamo para confirmar que *el martes próximo voy a su casa...*".

23. B
"... nuestro supermercado, en este momento, les *ofrece grandes ofertas* en pollería...".

24 . C
"Quería decirte que *la cita de mañana no puede ser*... ver si *podemos quedar el viernes*".

25. I
HOMBRE: ¿Buscas *un plan para los fines de semana?* Durante el mes de octubre [...] *Un montón de espectáculos al aire libre para las noches de los sábados.*

CLAVES DE RESPUESTA

PRUEBA 1 COMPRENSIÓN DE LECTURA

Tarea 1	1B	2A	3B	4C	5A			
Tarea 2	6B	7C	8B	9A	10B	11A	12C	13B
Tarea 3	14B	15C	16A	17B	18A	19C		
Tarea 4	20C	21A	22B	23A	24C	25A		

PRUEBA 2 COMPRENSIÓN AUDITIVA

Tarea 1	1B	2B	3A	4B	5A	6C	
Tarea 2	7C	8B	9A	10A	11C	12B	
Tarea 3	13C	14B	15C	16C	17B	18A	
Tarea 4	19D	20J	21F	22G	23B	24C	25I

EXAMEN 6

Fiestas y cultura

PRUEBA 1 COMPRENSIÓN DE LECTURA

Duración de la prueba: **60 minutos**
Número de tareas: **4**
Número de preguntas: **25**

Tarea 1

Instrucciones:

Usted va a leer el correo electrónico que Maribel ha escrito a Rubén, un excompañero. A continuación, conteste a las preguntas (de la 1 a la 5). Seleccione la opción correcta (A, B o C).

Querido Rubén:
Como sabes, desde hace un mes he estado preparando con el Ayuntamiento el II Encuentro Intercultural "Danzas por la Hispanidad" y te escribo ahora para invitarte. Es el próximo sábado 10 de octubre, a las 18 h, en el Teatro Francisco Rabal de la Casa de la Cultura, en la c/ San Antón, n.º 46.
Al final, hemos organizado el acto con la Asociación de ecuatorianos "Amanece" y va a reunir a distintos grupos de música y danza de la localidad, originarios de distintos países hispanoamericanos: Bolivia, República Dominicana, Perú, Colombia..., y de España.
La entrada es gratuita pero, como son muchas las personas interesadas en asistir, yo puedo guardarte una entrada esta semana si me confirmas que quieres venir.
Me parece que puede ser muy interesante para ti, para el trabajo que estás preparando sobre culturas hispánicas y también por ser una oportunidad para conocer la gran riqueza cultural que tiene nuestra ciudad.
Te adjunto el programa del Encuentro y aprovecho para pedirte, si tienes tiempo y ganas, tu participación en alguna actividad de las que tenemos programadas; por ejemplo, en la de "Experiencias migratorias", donde tú puedes contarnos los motivos por los que saliste de tu país, por qué elegiste España como destino y también qué cosas has perdido en ese viaje y cuáles has ganado con él. ¿Qué te parece? ¿Puedes hacerlo? La verdad es que no tenemos a nadie de Ecuador y he pensado en ti porque creo que lo puedes hacer muy bien y sé que tienes mucho que contarnos.
Bueno, Rubén, piénsatelo y dame una respuesta antes del viernes.
Un abrazo,
Maribel Talavera

PREGUNTAS

1. Maribel escribe a Rubén para...
- [ ] A) invitarle a una exposición.
- [ ] B) pedirle una colaboración.
- [ ] C) quedar para ir al teatro.

2. El acto se celebra en...
- [ ] A) el Ayuntamiento.
- [ ] B) la Asociación Amanece.
- [ ] C) la Casa de la Cultura.

3. Rubén tiene que responder...
- [ ] A) lo antes posible.
- [ ] B) el sábado 10 de octubre.
- [ ] C) en dos semanas.

4. En el correo, Maribel...
- [ ] A) le envía un documento.
- [ ] B) le recomienda un trabajo.
- [ ] C) le manda una entrada.

5. En el Encuentro va a haber...
- [ ] A) grupos de todo el mundo.
- [ ] B) danza y música hispana.
- [ ] C) una conferencia sobre Ecuador.

Tarea 2 **Instrucciones:**

Usted va a leer ocho anuncios. A continuación, responda a las preguntas (de la 6 a la 13). Seleccione la opción correcta (A, B o C).

EJEMPLO

TEXTO 0

NOCHES DE VERANO MUSEO SOROLLA

Con la llegada del verano el Museo Sorolla amplía su horario de apertura todos los jueves: 30 de julio, 6,12, 20 y 27 de agosto. De 20:00 a 23:30.
Visitas guiadas gratuitas a las 21:00. Hasta completar aforo. No es necesaria reserva previa (20 plazas).

0. El Museo Sorolla ofrece...

- [x] A) veinte visitas gratis con guía.
- [ ] B) varios días para reservar la visita.
- [ ] C) visitas todos los jueves de julio.

La opción correcta es **A** porque se ofrecen 20 plazas para visitas guiadas gratuitas.

TEXTO 1

8 RUTAS ECOLÓGICAS por caminos para descubrir a pie y en bicicleta la riqueza medioambiental de la zona norte. Más de 135 kilómetros, con diferentes grados de dificultad, para vivir la naturaleza como tú quieres y poder disfrutarla acompañado de la familia o solo. **¡TÚ DECIDES!**

6. Estas rutas le permiten...

- [ ] A) hacer hasta 135 km.
- [ ] B) elegir el camino.
- [ ] C) hacerlas en coche.

TEXTO 2

Concurso Cartel

Carnaval de Cádiz

Todos los artistas interesados, pueden participar en el concurso con sus dibujos originales. El tema es libre y debe mostrar el espíritu carnavalesco gaditano, así como un elemento característico de la ciudad de Cádiz.

El plazo de recepción de carteles está abierto hasta el 12 de diciembre incluido y debe tener de tamaño 50 x 70 cm.

7. El cartel debe ser...

- [ ] A) un dibujo de la ciudad.
- [ ] B) enviado el día 12.
- [ ] C) una obra original.

TEXTO 3

Las recetas de www.tucocina.com

Boquerones en vinagre

- Se limpian los boquerones y sacamos los filetes. Los lavamos bajo un chorrito de agua hasta perder la sangre.
- Se ponen en agua con una cucharada de sal durante 1 hora. Escurrimos y añadimos dos vasos de vinagre y uno de agua. Dejamos en la nevera durante 6 u 8 horas.
- Se escurren los boquerones y aliñamos con ajo y perejil picado y un buen chorro de aceite.

8. Según la receta, el pescado hay que...

- [ ] A) ponerlo en sal 6 horas.
- [ ] B) lavarlo muy bien.
- [ ] C) ponerlo solo con aceite.

TEXTO 4

HAZTE SOCIO DEL CÍRCULO DE BELLAS ARTES completando nuestro formulario en la web y disfruta de las ventajas:

- Acceso gratuito con un acompañante a la azotea y a las salas de exposiciones
- Descuento de 2 € en el menú de La Pecera (mediodía) para el socio y un acompañante
- Acceso exclusivo a las salas de biblioteca, billares y talleres de arte
- Descuento del 5% en la librería del CBA
- Dos entradas por socio en los espectáculos del CBA

9. Tienen descuento en...

- [ ] A) los libros.
- [ ] B) la cena.
- [ ] C) los espectáculos.

TEXTO 5

Happening Madrid es un grupo de amigos que organiza encuentros en Madrid para disfrutar de esta ciudad: tapas, gastronomía, sitios de música en directo, teatro, paseos fotográficos... todo lo que es ocio, cultura y disfrutar de la vida.

No te quedes en casa y disfruta de la ciudad.

10. Este grupo te aconseja...

- [ ] A) quedarte en casa.
- [ ] B) hacer actividades en la ciudad.
- [ ] C) salir de la ciudad.

TEXTO 6

Menú del restaurante

La CANDELA sabor de Cuba

Entrante		Plato		Postre	
Tamal cubano	6 €	Salteado caribeño	9 €	Coco rallado	3 €
Chorizo al infierno	5 €	Pollo a la guajira	9 €	Helado de Mango	4 €
Croquetas cubanas	6 €	Ropa Vieja	10 €	Casquitos de guayaba	4 €

11. Según el menú,...

- [ ] A) los entrantes tienen el mismo precio.
- [ ] B) los platos principales son seis.
- [ ] C) dos postres cuestan igual.

TEXTO 7

Centro Hispanoamericano

Tenemos el gusto de invitarlos a la Muestra de fotografía "**Maya. Dioses de piedra**", que se inaugura el día 2 de septiembre a las 18 h.
Duración: hasta el 30 de septiembre.
Horario: de 11 a 14 y de 15 a 20 h de lunes a viernes y los sábados de 11 a 14 h.

12. Se puede ver la exposición de fotografía...

- [ ] A) de lunes a sábado.
- [ ] B) hasta principios de septiembre.
- [ ] C) desde finales de septiembre.

TEXTO 8

Espectáculo de danza:

Oriente baila en Madrid

VIERNES 11 DE MAYO A LAS 18:00 HORAS.
Espectáculo de danza oriental de músicos marroquíes y bailarinas madrileñas, que pretende acercar la fusión de música árabe y danza oriental. Entrada gratuita. Aforo limitado.
C/ Colegiata, 10 (Metro: Tirso de Molina y La Latina).
Teléfono 91 467 81 42

13. El espectáculo que se anuncia en Madrid...

- [ ] A) es de música marroquí y madrileña.
- [ ] B) es de música y baile marroquí.
- [ ] C) es de baile oriental y música árabe.

Tarea 3 **Instrucciones:**

Usted va a leer tres textos de una revista cultural. Relaciones las preguntas (de la 14 a la 19) con los textos (A, B o C).

	A. DISCO	B. LIBRO	C. PELÍCULA
14. Una mujer es la protagonista.			
15. El tema principal es el amor.			
16. Su público es muy variado.			
17. Nos habla de una persona de Argentina.			
18. Incluye veinte canciones.			
19. Participa un músico de Cuba.			

A. Un disco

Lágrimas Negras recoge el extraordinario encuentro del cantante de flamenco Diego "El Cigala" y el pianista cubano Bebo Valdés. Los separan cincuenta años en el calendario y miles de kilómetros en el mapa. El disco es un viaje a la canción de amor iberoamericana con paradas en Cuba, Centro y Sur de América, y España.

B. Un libro

La voz de los flamencos, libro sobre el flamenco con 28 entrevistas, más de 100 fotografías y un CD con 20 temas que representan un siglo de cante y toque. ¿Cómo perciben los flamencos su tiempo, su arte, el mundo que los rodea? ¿De dónde viene su encanto, su inseguridad, esa capacidad de fascinar al público en un instante? ¿Por qué han apasionado a Cervantes, Falla, Lorca o Picasso? Un libro que acerca el flamenco a todo tipo de lectores.

C. Una película

La película *Mercedes Sosa, la voz de Latinoamérica* narra la vida, la obra y la carrera artística de Mercedes Sosa a través de los testimonios de músicos, artistas, personajes públicos y hasta presidentes de distintos países del mundo entero. La cantante y compositora argentina se distinguió por su magnífica voz, de una belleza muy singular, y su conexión con todas las grandes figuras del folclore latinoamericano.

Tarea 4 **Instrucciones:**

Usted va a leer la biografía del poeta español Juan Ramón Jiménez. A continuación, conteste a las preguntas (de la 20 a la 25). Seleccione la opción correcta (A, B o C).

Biografía de Juan Ramón Jiménez

Nació el 23 de diciembre de 1881 en Moguer (Huelva) en una familia de ricos comerciantes. De joven pensó en dedicarse a la pintura, pero cuando un periódico publicó sus primeros versos, comprendió que su vocación no era la pintura sino la poesía. Cursó estudios de Pintura y Derecho en la Universidad de Sevilla.

La lectura, en su juventud, de los poemas de Rubén Darío (Nicaragua, 1867-1916) le impresionó bastante y fue también un apasionado de los poetas del simbolismo francés.

En 1900 llegó a Madrid, donde fue amigo del poeta nicaragüense Darío. En ese mismo año murió su padre y tuvo una gran depresión. Después de pasar por diversos hospitales, regresó a Moguer, donde se dedicó a leer, pasear por el campo y escribir.

En los años veinte volvió a Madrid y muchos escritores del momento (poetas de la *Generación del 27* principalmente) lo reconocieron como maestro (en la actualidad sigue siéndolo). Realizó varios viajes a Francia y más tarde a Estados Unidos, donde se casó con la que fue su compañera para toda la vida, Zenobia Camprubí.

En 1936, con el comienzo de la Guerra Civil española, tuvo que salir de España. Estados Unidos, Cuba y Puerto Rico, fueron sus lugares de residencia. Recibió el Premio Nobel de Literatura en 1956 y tres días después murió su mujer.

El poeta fallece en 1958 en Puerto Rico. Sus restos, junto con los de Zenobia, descansan en el cementerio de Jesús en Moguer (España), donde está la Casa-Museo Zenobia-Juan Ramón Jiménez.

(Texto extraído de *www.buscabiografias.com*)

PREGUNTAS

20. El texto habla de la vida de...
- ☐ A) un pintor español.
- ☐ B) un poeta español.
- ☐ C) un poeta nicaragüense.

21. El texto dice que Juan Ramón Jiménez nació...
- ☐ A) a principios del siglo XIX.
- ☐ B) a mediados del siglo XX.
- ☐ C) a finales del siglo XIX.

22. Según el texto, Zenobia...
- ☐ A) siempre acompañaba a Juan Ramón Jiménez .
- ☐ B) era amiga de Darío.
- ☐ C) fue la mujer de Juan Ramón Jiménez .

23. Juan Ramón Jiménez recibió el Premio Nobel...
- ☐ A) después del año 1958.
- ☐ B) casi con la muerte de Zenobia.
- ☐ C) cuando comenzó la Guerra Civil.

24. En su vida, fueron importantes...
- ☐ A) su padre y su mujer.
- ☐ B) sus familiares ricos.
- ☐ C) sus amigos de Moguer.

25. Según el texto, su obra es...
- ☐ A) apasionada siempre.
- ☐ B) poco interesante hoy.
- ☐ C) importante actualmente.

PRUEBA 2 COMPRENSIÓN AUDITIVA

Duración de la prueba: **40 minutos**
Número de tareas: **4**
Número de ítems: **25**

Tarea 1 **Instrucciones:**

21

Usted va a escuchar seis conversaciones. Escuchará cada conversación dos veces. Después, tiene que contestar a las preguntas (de la 1 a la 6). Seleccione la opción correcta (A, B o C).

A continuación va a oír un ejemplo:

0. ¿Dónde ha estado antes Judit?

☐ A

☐ B

■ C

La opción correcta es la letra **C.** En un taller de coches.

CONVERSACIÓN 1

1. ¿Qué le gustó más al hombre de su viaje?

☐ A

☐ B

☐ C

CONVERSACIÓN 2

2. ¿Cómo será el nuevo dormitorio del hijo?

☐ A

☐ B

☐ C

CONVERSACIÓN 3

3. ¿Qué profesionales ya han tenido entrevistas de trabajo?

☐ A

☐ B

☐ C

CONVERSACIÓN 4

4. ¿Qué le va a regalar a la mujer su amigo?

☐ A

☐ B

☐ C

CONVERSACIÓN 5

5. ¿Qué ha desayunado la mujer?

☐ A

☐ B

☐ C

CONVERSACIÓN 6

6. ¿Qué documento le piden al hombre para justificar su domicilio?

☐ A

☐ B

☐ C

Tarea 2

Instrucciones:

22

Usted va a escuchar seis anuncios de radio y tiene que responder a seis preguntas. Cada audición se repite dos veces. Lea las preguntas (de la 7 a la 12) y seleccione la opción correcta (A, B o C).

A continuación va a oír un ejemplo.

0. En este mensaje se anuncia...

- [ ] A) una exposición de arte.
- [ ] B) un concurso de cocina.
- [x] C) un festival de flamenco.

La opción correcta es la letra **C** porque se anuncian diez conciertos y espectáculos de baile flamenco.

PREGUNTAS

AUDIO 1

7. La agencia organiza...

- [ ] A) itinerarios gastronómicos.
- [ ] B) viajes a centros culturales.
- [ ] C) visitas a museos.

AUDIO 2

8. La exposición se abre...

- [ ] A) para el verano.
- [ ] B) durante un mes.
- [ ] C) el 22 de agosto.

AUDIO 3

9. Los conciertos se celebran...

- [ ] A) en un bar de copas.
- [ ] B) en una sala de arte.
- [ ] C) en un edificio religioso.

AUDIO 4

10. La carrera es...

- [ ] A) el día de Año Nuevo.
- [ ] B) el día de Fin de Año.
- [ ] C) por la mañana.

AUDIO 5

11. Según la noticia, estos artistas...

- [ ] A) viven en Santander.
- [ ] B) van a dar un concierto.
- [ ] C) escriben libros.

AUDIO 6

12. Algunos de estos hoteles...

- [ ] A) ofrecen cenas en terraza.
- [ ] B) regalan al cliente una agenda.
- [ ] C) tienen vistas al mar.

Tarea 3 **Instrucciones:**

23

Usted va a escuchar una conversación entre dos amigos, Sara y Álex. Indique si los enunciados (del 13 al 18) se refieren a Sara (A), a Álex (B) o a ninguno de los dos (C). Escuchará la conversación dos veces.

Ahora tiene 30 segundos para leer los enunciados.

	A. SARA	B. ÁLEX	C. NINGUNO DE LOS DOS
0. *Estuvo en un concierto de Julieta Venegas.*	☐	☐	■
13. Pagará la reserva de las entradas.	☐	☐	☐
14. Comprará las entradas con el móvil.	☐	☐	☐
15. Tiene una invitación para el concierto.	☐	☐	☐
16. Le gusta mucho la cantante mexicana.	☐	☐	☐
17. Se ha dejado el móvil en el coche.	☐	☐	☐
18. Ha tenido bastantes gastos últimamente.	☐	☐	☐

Tarea 4

Instrucciones:

24

Usted va a escuchar ocho mensajes, incluido el ejemplo. Cada mensaje se repite dos veces. Seleccione el enunciado (de la A a la K) que corresponde a cada mensaje (del 19 al 25). Hay once opciones, incluido el ejemplo. Seleccione siete.

A continuación va a oír un ejemplo.

MENSAJE 0

■ A ☐ B ☐ C ☐ D ☐ E ☐ F ☐ G ☐ H ☐ I ☐ J ☐ K

La opción correcta es la letra **A** porque le invitan a asistir al II Encuentro Intercultural.

Ahora tiene 45 segundos para leer los enunciados.

ENUNCIADOS

A. *Es una invitación.*
B. Anuncian actividades para la Navidad.
C. Rebaja durante 7 días.
D. Tiene clases particulares.
E. Ha reservado un viaje.
F. Han encontrado lo que buscaba.
G. Quiere elegir destino.
H. Se avisa de nuevo horario.
I. Aviso de nueva parada.
J. Prefiere ir con alguien.
K. Quiere comprar un piso.

MENSAJES	ENUNCIADOS
Mensaje 0	**A**
19. Mensaje 1	
20. Mensaje 2	
21. Mensaje 3	
22. Mensaje 4	
23. Mensaje 5	
24. Mensaje 6	
25. Mensaje 7	

PRUEBA 3 EXPRESIÓN E INTERACCIÓN ESCRITAS

Duración de la prueba: **45 minutos**
Número de tareas: **2**

Tarea 1

Instrucciones:

Un amigo le escribe para informarle de unos cursos.

Mensaje nuevo

Para | Cc Cco

Asunto

Hola:
¿Cómo van las cosas? Te escribo porque ya tengo información sobre los cursos que dan en el centro cultural. Tienen una oferta bastante variada. Hay cursos de casi todo: fotografía, robótica, cocina... y también dan clases de teatro y música. Además, puedes apuntarte al club de lectura, que es un día al mes.
Yo voy a inscribirme en el curso de fotografía, que es los lunes y jueves por la tarde y, a lo mejor, me apunto también al club de lectura porque tienes un mes entero para leer un libro, y además puedo aprovechar ese día para llevar a mi hija a la biblioteca infantil. Estos son mis planes, me va a venir bien esta actividad. Anímate tú también y vamos juntos.
Besos,
Juanjo

Enviar

Conteste a su amigo. En el correo tiene que:
- saludar;
- hacerle alguna pregunta personal;
- comentar por qué está interesado en los cursos;
- plantear alguna duda sobre la duración o el precio;
- despedirse.

Número de palabras recomendadas: **entre 60 y 70.**

Tarea 2 **Instrucciones:**

Elija solo una de las dos opciones. En cada opción tiene que tratar todos los puntos.

OPCIÓN 1

Escriba un texto sobre un espectáculo. Usted fue con un amigo a un concierto. Hable de:
- el lugar y la fecha del concierto;
- qué tipo de música, artistas o grupos eran;
- qué les gustó más de ese espectáculo;
- algún plan para su próxima cita.

OPCIÓN 2

Usted tiene que escribir para una web sobre algunos aspectos de la cultura de su país. Estas fotos le pueden ayudar.

Usted tiene que comentar:
- qué costumbres y fiestas son importantes en su país;
- cómo se celebra alguna de las fiestas de su país;
- qué tipo de actividades culturales son interesantes para usted.

Número de palabras recomendadas: **entre 70 y 80.**

PRUEBA 4 EXPRESIÓN E INTERACCIÓN ORALES

Duración de la prueba: **12 minutos**
Número de tareas: **3**
Preparación: **12 minutos** para preparar las tareas 1, 2 y 3. Puede tomar notas y escribir un borrador de sus respuestas. Durante la prueba, puede consultar sus notas pero no leerlas directamente.

Tarea 1 **Presentación de un tema** durante 2 o 3 minutos. (**Advertencia**: aunque aquí solo se ofrece una opción, en la prueba del día del examen usted debe elegir entre dos temas).

MI CULTURA

Instrucciones:

Hable de cultura o culturas. Hable de:
- qué significa para usted "cultura";
- qué conoce de la cultura española;
- qué características tiene la cultura de su país;
- con qué países o culturas cree que hay más diferencias;
- qué aspectos culturales de su país son similares a España.

Tarea 2 **Descripción de una fotografía** durante 2 o 3 minutos. (**Advertencia**: aunque aquí solo se ofrece una opción, en la prueba del día del examen usted debe elegir entre dos fotos).

SESIÓN DE CINE

Instrucciones:

Hable de la foto elegida durante dos o tres minutos. Usted debe hablar de:
- ¿Cómo son las personas de la foto (físico, personalidad que cree que tienen)? ¿Qué ropa llevan?
- ¿Dónde están esas personas? ¿Qué objetos hay? Describa el lugar.
- ¿Qué están haciendo las personas de la foto?
- ¿Qué relación cree que hay entre ellas?
- ¿Qué cree que piensan, o cómo cree que se sienten, estas personas? ¿Por qué?
- ¿Qué cree que han hecho antes? ¿Y qué van a hacer después?

Tarea 3 **Diálogo en una situación imaginada,** a partir de la fotografía que ha descrito en la tarea 2, durante 3 o 4 minutos.

Instrucciones:

Usted va a comprar unas entradas para el cine. El examinador es la persona que las vende. Hable con él siguiendo estas indicaciones.

CANDIDATO

Durante la conversación tiene que:

- saludar y decir qué entradas quiere;
- decir la película que quiere ver;
- preguntar por la hora de las sesiones;
- preguntar si hay descuentos;
- pedir pagar con tarjeta.

Ejemplo de preguntas que puede hacer el examinador en la Tarea 3:

PREGUNTAS

Saludar

– Buenas tardes, dígame.

– Hola, ¿qué desea?

Decir qué entradas quiere

– Perdón, ¿cuántas entradas quiere?

– Tenemos butacas libres en las filas 2 y 8. ¿Cuáles prefiere?

Preguntar por la hora de las sesiones

– ¿Para qué sesión quiere las entradas?

– Entonces, ¿le doy entradas para la siguiente sesión?

Preguntar si hay descuentos

– Hay descuentos para grupos. ¿Cuántos son?

– ¿Tiene el carné de CINESÍ? Se aplica un 15% de descuento.

Pedir pagar con tarjeta

– Por favor, ¿puede teclear su pin?

– ¿Quiere copia del recibo?

PRUEBA 1 COMPRENSIÓN DE LECTURA

Tarea 1

1. B

"... Te adjunto el programa del Encuentro y aprovecho para *pedirte, si tienes tiempo y ganas, tu participación* en alguna actividad de las que tenemos programadas... ¿Qué te parece? ¿Puedes hacerlo?... *piénsatelo y dame una respuesta* antes del viernes...".

2. C

"... Es el próximo sábado 10 de octubre, a las 18 h, *en el Teatro Francisco Rabal de la Casa de la Cultura*, en la c/ San Antón, n.º 46...".

3. A

"... Bueno, Rubén, piénsatelo y *dame una respuesta antes del viernes...*".

4. A

"... *Te adjunto el programa* del Encuentro y aprovecho para pedirte, si tienes tiempo...".

5. B

"... Al final, hemos organizado el acto con la Asociación de ecuatorianos "Amanece" y *va a reunir a distintos grupos de música y danza de la localidad, originarios de distintos países hispanoamericanos*: Bolivia, República Dominicana, Perú, Colombia..., *y de España...*".

Tarea 2

6. B

"*8 Rutas ecológicas por caminos* para descubrir a pie y en bicicleta... *con diferentes grados de dificultad... ¡Tú decides!*".

7. C

"... Todos los artistas interesados, pueden participar en el concurso *con sus dibujos originales...*".

8. B

"... Los lavamos bajo un chorrito de agua *hasta perder la sangre...*".

9. A

"... Descuento de 2 € en el menú de La Pecera (mediodía) para el socio y un acompañante... *Descuento del 5% en la librería* del CBA...".

(La respuesta b no es correcta porque el descuento en el menú es para el mediodía: hora de comida y no de cena).

10. B

"... *No te quedes en casa y disfruta de la ciudad*".

11. C

"... **Postre:** Coco rallado 3 € - *Helado de Mango 4 € - Casquitos de guayaba 4 €*".

12. C

"Horario: de 11 a 14 y de 15 a 20 h *de lunes a viernes y los sábados* de 11 a 14 h".

13. B

"Espectáculo [...] *de música árabe y danza oriental* [...]".

Tarea 3

14. C

"El filme *Mercedes Sosa, la voz de Latinoamérica* narra la vida, la obra y la carrera artística de *Mercedes Sosa [...] La cantante* [...]".

15. A

"*Lágrimas Negras [...] El disco es un viaje a la canción de amor* iberoamericana [...]".

16. B

"[...] Un libro que acerca el flamenco *a todo tipo de lectores*".

17. C

"El filme [...] narra la vida, la obra y la carrera artística de Mercedes Sosa [...] *compositora argentina* [...]".

18. B

"La voz de los flamencos, libro sobre el flamenco con 28 entrevistas, más de 100 fotografías y un *CD con 20 temas que representan un siglo de cante* y toque [...]".

19. A

"*Lágrimas Negras* recoge el extraordinario encuentro del cantante de flamenco Diego 'El Cigala' y *el pianista cubano Bebo Valdés* [...].

Tarea 4

20. B

"... De joven pensó en dedicarse a la pintura, pero cuando un periódico publicó sus primeros versos, comprendió que *su vocación no era la pintura sino la poesía...*".

21. C

"... *Nació el 23 de diciembre de 1881* en Moguer (Huelva) en una familia de ricos comerciantes...".

22. C

"... Realizó varios viajes a Francia y más tarde a Estados Unidos, donde *se casó con la que fue su compañera para toda la vida, Zenobia Camprubí...*".

23. B

"... Recibió el Premio Nobel de Literatura en 1956 y *tres días después murió su mujer...*".

24. A

"... En ese mismo año *murió su padre y tuvo una gran depresión*. Después de pasar por diversos hospitales, regresó a Moguer... se casó con la que *fue su compañera para toda la vida, Zenobia Camprubí...*".

25. C

"... En los años veinte volvió a Madrid y muchos escritores del momento (poetas de la *Generación del 27* principalmente) lo reconocieron como *maestro (en la actualidad sigue siéndolo)...*".

PRUEBA 2 COMPRENSIÓN AUDITIVA

Tarea 1

1. A

HOMBRE: Sí. Yo estuve hace 8 años, y volvería otra vez [...] *La comida fue lo mejor para mí.*

2. C

HOMBRE: Pienso que lo más importante es tener calefacción, una cama con un buen colchón y luz natural en la habitación.

MUJER: Justo este que te digo yo, lo tiene. *La habitación es exterior*, tiene calefacción y está bien situado, muy cerca del centro...

3. B

MUJER: Puede ver todas las ofertas en nuestra web, pero las *entrevistas de ayer fueron para contratar a dos enfermeros* y mañana hay varias citas para jardinero y electricista.

4. A

MUJER: A ver... Sí, los pantalones no están mal. *Voy a probarme estos rojos con rayas.*

HOMBRE: Si te gustan, *te los regalo por tu cumpleaños.*

MUJER: ¡Qué ilusión!, muchas gracias...

5. C

HOMBRE: Marisa, no has probado las tostadas... ¿Con un poco de mermelada de naranja?

MUJER: No, gracias, ya he comido bastante. *El bizcocho estaba buenísimo...*

6. B

EMPLEADA: [...] Tiene que inscribirse. Tiene que presentar su solicitud con una fotocopia del DNI *y un recibo de luz o de agua o de cualquier gasto de su casa para comprobar el domicilio.*

Tarea 2

7. A

"... descubre nuestras *escapadas y viajes gastronómicos...* Te ofrecemos una amplia selección de *ofertas para tus itinerarios*: hoteles donde *probar los mejores vinos*, visitas a bodegas impresionantes...".

(Una *escapada* es un viaje corto, normalmente para un fin de semana o 4/5 días).

8. A

"El Centro de Arte Reina Sofía trae este mes a sus salas la exposición itinerante del artista colombiano Fernando Botero. *Del 22 de junio al 15 de agosto* podemos ver sus «Pinturas, Dibujos y Esculturas»...".

9. C

"... En un ambiente muy íntimo, *la preciosa Iglesia de Santa Anna*, estos conciertos de guitarra española te acercan a grandes autores e intérpretes...".

10. C

"Como cada año, Madrid celebra *en la tarde del 31 de diciembre* la tradicional carrera de San Silvestre... una manera más sana y divertida de despedirse del año viejo y dar la bienvenida al nuevo...".

11. B

"Los cantautores argentinos Rafael Amor y Salvador Amor, padre e hijo, *se juntan en un concierto* que une generaciones... *Podemos verlos* en Santander, el próximo 27 de octubre...".

12. A

"*¿Cenas al aire libre* «con vistas a la historia»? La compañía Paradores ha elegido agosto... Entre los Paradores que ofrecen *estas magníficas cenas*, están los de Toledo, Cuenca y Segovia...".

Tarea 3

13. A

ÁLEX: ... *¿Y si pagas ahora tú las dos reservas* y en marzo pago yo la otra mitad? Para mí es mejor.

SARA: *Sí, no hay problema*, pero tenemos que hacerlo rápido...

14. C

SARA: ... Mañana lo hago en casa, *prefiero con el ordenador porque en este móvil no me funciona bien internet.*

ÁLEX: Pues yo no tengo mi móvil. Está en el coche. Voy a por él.

SARA: No, no te preocupes...

15. C

SARA: Aquí pone que son 60 euros. Un poco cara, ¿no...?...

ÁLEX: *¿Vas a comprarlas tú o lo hago yo?* ¿Por internet podemos?

16. A

SARA: Álex, ¿sabes?, ya he visto el Programa Cultural [...] He visto un concierto de *Julieta Venegas, la cantante mexicana que me gusta tanto...*

17. B

ÁLEX: Pues yo *no tengo mi móvil. Está en el coche.* Voy a por él.

18. B

ÁLEX: ¿Y cuánto cuesta? Porque *últimamente he tenido muchos gastos...*

Tarea 4

19. G

"Hola, Manuel, ¿has reservado ya nuestro viaje?... Ya sé que tú prefieres Estambul *pero podemos hablarlo otra vez y ver qué es mejor, ¿no? A ver qué te parece...*".

20. F

"Buenos días, le llamo de la inmobiliaria. Es para comunicarle que tenemos un piso en alquiler que puede interesarle. El piso está en la c/ Buenaventura 5. *Las características y el precio son las que usted quería...*".

21. H

"... Se avisa a los viajeros del tren de cercanías Málaga-Fuengirola que *se va a suprimir el tren de las 5:50* a partir de mañana. Perdonen las molestias. *Pueden pasar por Información para recoger los nuevos horarios...*".

22. D

"... Te llamo porque *no va a ser posible darte las clases en mi casa y quería saber si es posible en la tuya.* No voy a cobrarte el desplazamiento, así que dime si te parece bien así...".

23. C

"Señores clientes, en supermercados Angui, *les preparamos las mejores ofertas* en carnicería y pescadería. *Esta semana* si compran medio salmón o uno entero, es más barato...".

24. J

"... me voy a mi pueblo a pasar el fin de semana y a lo mejor puedes venirte conmigo... así que llámame y, *por favor, dime que sí. Prefiero ir contigo...*".

25. B

MUJER: ¡El Club de la Tierra *te desea Felices Fiestas y Año Nuevo*! Hemos preparado las mejores *actividades para los niños.* Desde el 21 de diciembre hasta el 6 de enero [...], nos vemos en la tradicional *Cabalgata de los Reyes Magos.* ¡No lo olvides! ¡Te esperamos!

CLAVES DE RESPUESTA

PRUEBA 1 COMPRENSIÓN DE LECTURA

Tarea 1	1B	2C	3A	4A	5B			
Tarea 2	6B	7C	8B	9A	10B	11C	12A	13C
Tarea 3	14C	15A	16B	17C	18B	19A		
Tarea 4	20B	21C	22C	23B	24A	25C		

PRUEBA 2 COMPRENSIÓN AUDITIVA

Tarea 1	1A	2C	3B	4A	5C	6B	
Tarea 2	7A	8A	9C	10C	11B	12A	
Tarea 3	13A	14C	15C	16A	17B	18B	
Tarea 4	19G	20F	21H	22D	23C	24J	25B

Transcripciones

EXAMEN 1

PISTA 1
Nivel A2
Prueba de comprensión auditiva
Escuche con atención todas las instrucciones.
Esta prueba contiene cuatro tareas. Usted debe responder a 25 preguntas.
La duración es de 40 minutos.

Tarea 1
Instrucciones:
Usted va a escuchar seis conversaciones. Escuchará cada conversación dos veces. Después, tiene que contestar a las preguntas (de la 1 a la 6). Seleccione la opción correcta (A, B o C).

A continuación va a oír un ejemplo:
Conversación 0
Va a escuchar a una mujer que habla con el conserje de una escuela.
MUJER: Buenas tardes, quería saber cuándo se abre el plazo para la matrícula en los cursos de danza.
HOMBRE: ¿Para adultos o infantil?
MUJER: Para el curso de danza española infantil. Mi hija tiene 13 años...
HOMBRE: Pues... el plazo es del 3 al 7 de septiembre.
MUJER: Muy bien, gracias... Y para matricularme yo en el curso de dibujo, ¿qué tengo que hacer?
HOMBRE: Tiene que rellenar esta solicitud y traerla los días 9 y 10 de septiembre en horario de mañana.
Conteste a la pregunta: ¿Qué curso quiere hacer la mujer?
La opción correcta es C. Va a matricularse en el curso de Dibujo.
Ahora va a escuchar las seis conversaciones.

Conversación 1
Va a escuchar a un hombre que habla con una dependienta.
HOMBRE: Hola, mire, el otro día estuve aquí para comprar unas botas impermeables y...
MUJER: Ah, sí, se llevó las de oferta y unos pantalones, ya me acuerdo.
HOMBRE: Pues resulta que las botas no están bien, parece que la derecha tiene un defecto... y entra agua por aquí, ¿lo ve?, está un poco rota...
MUJER: Sí, ya veo, eso parece. Bueno, no se preocupe, puedo devolverle el dinero...
HOMBRE: No, realmente las necesito ¿no tiene otras iguales? O parecidas.
MUJER: No de su número, lo siento, pero puedo pedírselas para la próxima semana.
(Se repite la conversación)
Conteste a la pregunta número uno: ¿Qué compró el hombre?

Conversación 2
Va a escuchar a una mujer que habla con su médico.
HOMBRE: Buenos días, dime, ¿qué te pasa?
MUJER: Últimamente me duele mucho la cabeza, todo el día, estoy así desde la semana pasada.
HOMBRE: ¿Y estás tomando algún medicamento? ¿Te sientes cansada?
MUJER: No tomo nada. La verdad es que estoy bastante estresada y no duermo bien. Tengo mucho trabajo en la oficina y tampoco como bien.
HOMBRE: Voy a mandarte estas pastillas, toma una por la noche durante 4 días y si no mejoras, vuelve por aquí. Te ayudará a dormir y a relajarte un poco.
MUJER: Sí, será bueno para mí. Espero no tener que volver, gracias.
(Se repite la conversación)
Conteste a la pregunta número dos: ¿Qué será bueno para la mujer?

Conversación 3
Va a escuchar una conversación entre dos amigos en un bar.
MUJER: Jorge, ¿pedimos algo para cenar?
HOMBRE: Si quieres... Algo solo para picar, ¿no?
MUJER: Vale, una ración de ensaladilla y unas croquetas, ¿te parece?
HOMBRE: No me gustan mucho las croquetas, prefiero algo de carne... ¿Unas albóndigas?
MUJER: Sí, a mí me gusta todo. Y si pedimos unas gambas también, aquí las ponen muy ricas.
HOMBRE: Sí, ya está, con eso es suficiente, pero me invitas tú, que me debes una...
(Se repite la conversación)
Conteste a la pregunta número tres: ¿Qué no le gusta al hombre?

Conversación 4
Va a escuchar a un hombre que habla con su jefa.
HOMBRE: Tengo que hablarte de la última reunión, hay cosas importantes que te quiero comentar.
MUJER: Dime, Manuel, pero a las tres me voy, no puedo retrasarme ni un minuto, mi tren sale a las cuatro.
HOMBRE: Tenemos tiempo, en veinte minutos yo también tengo que marcharme a ver a un cliente. Es rápido.
MUJER: Bien, dime.
HOMBRE: Quería comentarte que Marcelo ha solicitado su trasla-

do a las oficinas de Madrid porque tarda casi dos horas en ir y venir y eso todos los días..., con su hijo pequeño...

MUJER: Entiendo, yo creo que no va a ser un problema. Su departamento ahora está muy completo y todos son buenos profesionales.

Conteste a la pregunta número cuatro: ¿Cuándo tiene que irse la mujer?

Conversación 5

Va a escuchar a una mujer que habla con un taxista.

MUJER: Voy a la Avenida de Compostela, a lo mejor puede usted indicarme algún centro comercial de la zona. HOMBRE: Bueno, en ese barrio hay muchas tiendas, pero un centro comercial, no. Si quiere puedo dejarla en uno que hay por aquí, cinco calles más arriba.

MUJER: Perfecto. ¿Y allí hay autobuses o metro para el Museo de Ciencias? ¿O está muy lejos?

HOMBRE: No se preocupe, yo le indico ahora dónde está la parada de autobuses o, si quiere, puedo recogerla y llevarla yo mismo cuando termine sus compras.

MUJER: No, gracias, muy amable, estoy pensando que al Museo iré mañana. Hoy ya es tarde. Gracias.

(Se repite la conversación)

Conteste a la pregunta número cinco: ¿Dónde lleva el taxi a la mujer?

Conversación 6

Va a escuchar a un hombre que habla con una agente de viajes.

HOMBRE: ¡Hola, buenas tardes! Mi mujer y yo queremos viajar a Punta Cana entre los días 8, 9 y 10 de enero y volver ocho días más tarde. Es decir, el 16, el 17 o el 18.

MUJER: ¿Solo quieren el vuelo o también quieren el hotel?

HOMBRE: Solo queremos el vuelo. Mi hermana vive cerca de Punta Cana y vamos a vivir en su casa.

MUJER: ¡Ah, qué bien! ¡Qué suerte! ¿Y desde dónde quieren salir?

HOMBRE: Desde Madrid y la vuelta también a Madrid.

MUJER: ¿Podría decirme su nombre y el de su mujer y darme el número de sus pasaportes?

(Se repite la conversación)

Conteste a la pregunta número seis: ¿Qué reserva el hombre?

PISTA 2

Tarea 2

Instrucciones:

Usted va a escuchar seis anuncios de radio y tiene que responder a seis preguntas. Cada audición se repite dos veces. Lea las preguntas (de la 7 a la 12) y seleccione la opción correcta (A, B o C).

A continuación va a oír un ejemplo.

Audio 0

MUJER: Viajes Amador. Si quieres pasar la Navidad fuera de casa pero en España, tenemos dos ofertas para ti.

Madrid: Pasea por sus calles más céntricas, disfruta de sus luces de Navidad y, por supuesto, visita sus mercados y sus tiendas. Madrid es uno de los destinos más famosos en Navidad.

Sevilla: Disfruta de unas navidades aún más divertidas en una ciudad que combina el carácter alegre de sus habitantes con un gran patrimonio artístico.

Grandes descuentos para mayores de 60 años.

Conteste a la pregunta número 0.

La opción correcta es la letra B porque habla de Madrid y Sevilla.

Audio 1

Ahora tiene 10 segundos para leer la pregunta 7.

HOMBRE: *El Hotel Sierra de Codés* es un hotel de 3 estrellas perfectamente equipado, situado en una de las zonas más bellas de Navarra. Ofrece maravillosos paisajes para los aficionados a la práctica de actividades al aire libre como senderismo, paseos a caballo o bicicleta. Está situado a menos de 70 kilómetros de ciudades de gran atractivo cultural como Estella, Pamplona, Vitoria y Logroño.

Conteste a la pregunta número 7.

Audio 2

Ahora tiene 10 segundos para leer la pregunta 8.

MUJER: El Balneario Spa Mirafuentes ofrece actividades variadas para todos los niños y niñas alojados en él. Disponemos de una sala de juegos dentro del hotel, un espacio lúdico para los más pequeños. Todas las actividades adaptadas a sus necesidades: billar, futbolín, cine, ... Los padres pueden relajarse con todas las actividades que les ofrece nuestro complejo turístico (relax, naturaleza, compras, spa, gastronomía, ...), sabiendo que sus hijos se encuentran en un espacio seguro, educativo y lúdico.

(Se repite el audio)

Conteste a la pregunta número 8.

Audio 3

Ahora tiene 10 segundos para leer la pregunta 9.

HOMBRE: ¿Quiere sentirse tranquilo y relajado? La naturaleza nos ha proporcionado generosamente todo lo necesario para mantener una buena salud.

La *Valeriana Strauss* es un producto que sirve para tranquilizar y eliminar el estrés. Dos pastillas al día son suficientes para sentirte relajado de forma natural.

La nueva *Valeriana Strauss Forte* le ayuda a dormir bien. Solo es necesaria una pastilla al día. Estos productos se encuentran en casi todas las farmacias. Sin receta médica.

(Se repite el audio)

Conteste a la pregunta número 9.

Audio 4

Ahora tiene 10 segundos para leer la pregunta 10.

MUJER: ¿Tienes ya tu detalle para el Día de la Madre? ¡Date prisa! ¡Encuentra el regalo perfecto para el Día de la Madre en el parque comercial La Bahía!

Además, si tu compra es igual o superior a 60€, te ofrecemos un exclusivo marco de fotos de regalo. Oferta válida hasta el 30 de abril en todas nuestras tiendas excepto en el supermercado. Recuerda que estamos en la salida 17 de la autovía Vitoria-Bilbao.

(Se repite el audio)

Conteste a la pregunta número 10.

Audio 5

Ahora tiene 10 segundos para leer la pregunta 11.

HOMBRE: Academia *Lexicum.* En nuestra academia de inglés ofrecemos cursos de inglés para adultos. Los grupos tienen una media de 7 alumnos. Las clases se dan enteramente en inglés y todos nuestros profesores de inglés son nativos y titulados. Ofrecemos cursos de inglés a medida a todo tipo de empresas ubicadas en nuestra ciudad. Las clases pueden ser en la propia empresa si así lo desean.

(Se repite el audio)

Conteste a la pregunta número 11.

Audio 6

Ahora tiene 10 segundos para leer la pregunta 12.

MUJER: Audífonos GESA. La solución para volver a oír bien es usar algún tipo de ayuda auditiva. La más utilizada es el audífono. Los audífonos mejoran la calidad de vida de los usuarios, que pueden oír de nuevo los sonidos positivos de la vida. La tecnología en los audífonos ha avanzado rápidamente. Puedes descubrir todos los modelos que GESA te ofrece con la ayuda de nuestros mejores profesionales.

(Se repite el audio)

Conteste a la pregunta número 12.

PISTA 3

Tarea 3

Instrucciones:

Usted va a escuchar una conversación entre dos amigos, Marta y Álvaro. Indique si los enunciados (del 13 al 18) se refieren a Marta (A), a Álvaro (B) o a ninguno de los dos (C). Escuchará la conversación dos veces.

Ahora tiene 30 segundos para leer los enunciados.

ÁLVARO: Marta, hola. Ya estoy aquí.

MARTA: ¿Qué hay, Álvaro? ¿Quieres un café?

ÁLVARO: No gracias, ya he tomado hoy dos. Un poco de agua fresquita, por favor.

MARTA: Ya he preparado las fotos y todo lo que tenía por casa del viaje a Bangkok y a Bali.

ÁLVARO: Venga, venga, vamos a verlo todo.

MARTA: Mira, nosotros primero fuimos a Bangkok; estuvimos allí siete días. Fuimos a un hotel de 4 estrellas, este que ves en la foto, que estaba bastante bien y que tenía piscina en la terraza del último piso. Ya sabes que nos gusta mucho nadar.

ÁLVARO: ¿Era muy caro?

MARTA: No, por eso lo reservamos. Además, la oferta para siete noches era realmente buena.

ÁLVARO: Hicisteis excursiones de un día, ¿verdad?

MARTA: Sí hicimos cuatro: la del mercado flotante, la de los templos, la de Ayuttaya y la de la isla del Coral. Todas nos encantaron. Te las recomiendo.

ÁLVARO: Oye ¿y cuál es el mejor templo para ti?

MARTA: Para mí, sin duda, Wat Po. Tiene una enorme estatua de un Buda reclinado. Y si después de la visita te duelen los pies... buenas noticias: en el Wat Po hay una famosa escuela de masajes.

ÁLVARO: Voy a ir seguro y también quiero un masaje. ¿Y Bali?

MARTA: A mí me encantó. Estuvimos en un hotel en la playa de Jimbarán. La comida era buenísima, variada, barata y sin ningún problema para la salud. ¡Nunca he tomado tanta fruta! Los zumos eran deliciosos y baratos. Mi favorito era el de mango. Y en un restaurante, no recuerdo su nombre, junto a la playa, preparaban un arroz con verduras... hum... ¡increíble!

ÁLVARO: ¡Huy, qué hambre! Seguimos... ¿Hicisteis excursiones?

MARTA: Sí, contratamos por nuestra cuenta a un guía local y a un taxista muy simpático y visitamos templos escondidos en el interior de la isla. Vimos cómo trabajan los artesanos y también vimos sus ceremonias, sus costumbres y sus rituales. Recuerdo especialmente la excursión a un volcán y a un lago en el noreste de la isla. Subimos con un guía al volcán para ver amanecer y después fuimos a ver el lago. Es una excursión increíble. Te la recomiendo. ¡Ay, quiero volver a Bali!

ÁLVARO: Dicen que la gente es encantadora...

MARTA: Desde luego. Son muy amables, siempre con la sonrisa en la boca, siempre intentan ayudar y quieren comunicarse contigo.

ÁLVARO: Mil gracias por toda la información. Estoy deseando hacer ese viaje.

MARTA: ¡Estupendo! ¿Nos vemos esta semana?

ÁLVARO: Sí, si queréis cenamos juntos el jueves.

MARTA: Vale, muy bien. Chao.

(Se repite la conversación)

Conteste ahora a las preguntas.

PISTA 4

Tarea 4

Instrucciones:

Usted va a escuchar ocho mensajes, incluido el ejemplo. Cada mensaje se repite dos veces. Seleccione el enunciado (de la A a la K) que corresponde a cada mensaje (del 19 al 25).

Hay once opciones, incluido el ejemplo. Seleccione siete.

A continuación va a oír un ejemplo.

Mensaje 0

HOMBRE: Pedro, hola. Te llamo para decirte que al final no puedo ir a esquiar la semana que viene con vosotros. Vienen mis abuelos a pasar cinco días a casa y hace mucho que no los veo. Me da mucha pena no ir, pero es que tengo muchas ganas de estar con ellos.

La opción correcta es la letra C porque ya no va a ir a esquiar.

Ahora tiene 45 segundos para leer los enunciados.

Mensaje 1

HOMBRE: Buenos días, le llamamos de la *Tintorería Francesa* para comunicarle que vamos a llevarle las alfombras a su casa a las 18:30. Por favor, si no le conviene a esa hora, llámenos al 948 80 29 21 y pregunte por Isabel. Muchas gracias.

(Se repite el audio)

Elija la opción correcta.

Mensaje 2

MUJER: Buenos días, señora Navarrete. La llamamos de SUER para decirle que nuestros empleados han ido a entregarle un paquete y no había nadie en su casa. Por favor, póngase en contacto con nosotros en el número 627 67 55 04. De todas formas ya sabe que hay una oficina a 200 metros de su domicilio y que nuestro horario de recogida es de 8 de la mañana a 8 de la tarde.

(Se repite el audio)

Elija la opción correcta.

Mensaje 3

HOMBRE: Marta, como siempre no puedo hablar contigo. ¡Hay que ver! siempre tienes el móvil desconectado. Mira, el sábado actúan varios compañeros míos del Conservatorio en la sala Cristales. Es un grupo de jazz. De verdad que son muy buenos. ¿Por qué no vamos juntos? Solo cuesta dos euros y luego podemos ir a cenar algo. La actuación es a las 8. Contesta.

(Se repite el audio)

Elija la opción correcta.

Mensaje 4

MUJER: Comunicamos a los señores pasajeros del tren con destino a Córdoba programado para las 12:15 que este tren llega con 12 minutos de retraso. El tren va a efectuar su salida a las 12:30 de la vía 14. Lo sentimos. Disculpen las molestias.

(Se repite el audio)

Elija la opción correcta.

Mensaje 5

MUJER: Mamá, ¿dónde andas? Oye, he estado mirando bolsos para llevar a la boda de Susana y Ricardo y me han parecido muy caros. ¿Me dejas el tuyo de color plata? Y otra cosa, ¿puedes dejarnos tu coche? Es que el nuestro está en el taller y si vamos a la boda en el AVE nos sale carísimo. Llámame y dime a todo que sí, por favor, mamá. Besos y besos.

(Se repite el audio)

Elija la opción correcta.

Mensaje 6

HOMBRE: Señor Dávila, llamamos de la farmacia Miramar para decirle que el champú y la loción que pidió ya han llegado. Puede pasar a recogerlas cualquier día de la semana, excepto los domingos, entre nueve de la mañana y ocho de la tarde.

(Se repite el audio)

Elija la opción correcta.

Mensaje 7

HOMBRE: Alquilar y reservar salas de concierto en Córdoba es mucho más fácil con Toca en directo. Te ofrecemos más de 32 salas para tocar en directo en Córdoba, así puedes planificar tu gira teniendo en cuenta dónde hay música en directo y quién está tocando. Existen diferentes tipos de salas de conciertos. Un pequeño número de salas se encuentra localizado en el centro, son de aforo reducido y programan normalmente todas las semanas.

(Se repite el audio)

Elija la opción correcta.

EXAMEN 2

PISTA 5

Nivel A2

Prueba de comprensión auditiva

Escuche con atención todas las instrucciones.

Esta prueba contiene cuatro tareas. Usted debe responder a 25 preguntas.

La duración es de 40 minutos.

Tarea 1

Instrucciones:

Usted va a escuchar seis conversaciones. Escuchará cada conversación dos veces. Después, tiene que contestar a las preguntas (de la 1 a la 6). Seleccione la opción correcta (A, B o C).

A continuación va a oír un ejemplo.

Conversación 0

Va a escuchar a un hombre que habla con la empleada de una oficina de correos.

HOMBRE: Buenos días, quería enviar este paquete a Alemania. ¿Puede decirme el precio?

MUJER: Sí. ¿Quiere un envío de 24 horas, 48 o 72?

HOMBRE: Si no es muy caro, me gustaría un envío rápido.

MUJER: Un momento... Son... 360 gramos de peso... A Alemania... Si llega en 24 horas son 4 euros más que el envío de 72 horas, que cuesta 33 euros.

HOMBRE: Pues entonces quiero un envío de 24 horas.

MUJER: Por favor, rellene estos datos y firme aquí. Son 37 euros.

Conteste a la pregunta: ¿Cuánto tiene que pagar el hombre por enviar el paquete?

La opción correcta es la letra B. El envío en 24 horas cuesta 37 euros.

Ahora va a escuchar las seis conversaciones.

Conversación 1

Va a escuchar a una mujer que habla con un empleado de restaurante.

MUJER: Hola, Juan, ¿qué tal llevas el día? Llamé el otro día para reservar una mesa de diez, pero no estabas.

HOMBRE: Sí, era mi día libre. ¿Y qué celebráis?

MUJER: El cumpleaños de mi padre, cumple 84 años y nos vamos a reunir todos los hijos, pero mi hermana Lucía no puede venir, ni sus hijos, así que seremos siete para comer.

HOMBRE: ¿Para cuándo tenías la reserva? ¿Era fuera o dentro?

MUJER: Queríamos comer fuera, en la terraza, el próximo domingo a las dos.

HOMBRE: Ya lo veo, aquí está la reserva... Bien, pues ya pongo que la mesa es para siete personas. No hay problema.

MUJER: Gracias, Juan, y ponme un café, que todavía tengo unos minutos antes de volver a la oficina.

(Se repite la conversación)

Conteste a la pregunta número uno: ¿Dónde va a celebrar el cumpleaños la mujer?

Conversación 2

Va a escuchar a un hombre que habla con una dependienta.

MUJER: Hola, ¿en qué puedo ayudarle?

HOMBRE: Hola, estoy buscando una mesa de estudio para mi hijo, que no sea muy cara, por favor. Ya compré otra aquí el año pasado para mi hija...

MUJER: ¿La quiere de madera o de otro material?

HOMBRE: No sé, ¿puede enseñarme alguna? Si es de madera, me gustaría redonda, porque hay bastante espacio en la habitación.

MUJER: Redonda de madera no tenemos en estos momentos, pero mire esta, está a muy buen precio. ¿Qué le parece?

HOMBRE: Sí, no está mal. ¿Es ese el precio? ¿125 euros? Me la llevo entonces.

(Se repite la conversación)

Conteste a la pregunta número dos: ¿Para quién es la mesa que compra el hombre?

Conversación 3

Va a escuchar una conversación entre dos compañeros de trabajo.

HOMBRE: Ana, ¿qué tal tus vacaciones? ¿Al final te fuiste a Budapest?

MUJER: Sí, hemos estado once días. Ha sido maravilloso. He descansado muchísimo y me lo he pasado genial.

HOMBRE: Fuiste con tus hermanas, ¿no?

MUJER: Sí, con Isabel e Irene. Después de estas vacaciones, hemos decidido que vamos a intentar hacer un viaje juntas todos los años.
HOMBRE: ¿Y te gustó la ciudad? Yo fui hace muchos años...
MUJER: Me ha encantado. Los edificios, las calles, la comida... la gente...; creo que volveré. Es un sitio para volver.
(Se repite la conversación)
Conteste a la pregunta número tres: ¿Dónde ha estado de vacaciones la mujer?

Conversación 4
Va a escuchar a una mujer que pregunta a un hombre en la calle.
MUJER: Perdone, ¿sabe si por aquí hay una papelería?
HOMBRE: Sí, tiene que andar un poco, diez minutos más o menos. Está hacia arriba, por esta misma calle. Tiene que pasar una farmacia y una zapatería y coger la calle de la izquierda.
MUJER: ¿Es dónde está la pescadería?
HOMBRE: No, la pescadería está junto a la farmacia. La papelería está más arriba, como le digo.
MUJER: Vale, ya sé, paso la farmacia y luego a la izquierda.
HOMBRE: Eso es, la verá enseguida, tiene unos escaparates muy grandes.
(Se repite la conversación)
Conteste a la pregunta número cuatro: ¿Qué hay al lado de la farmacia?

Conversación 5
Va a escuchar a un hombre hablar con una policía.
HOMBRE: Buenos días, quería denunciar que he perdido mi documentación, el DNI y las tarjetas bancarias, hace dos horas.
MUJER: ¿Lo ha perdido en la calle?
HOMBRE: No, estaba en una cafetería. Salí y al meterme el móvil en el bolsillo del pantalón, vi que no tenía la cartera en el otro bolsillo. He vuelto a la cafetería, pero allí no está.
MUJER: Bien, dígame su nombre y teléfono para completar los datos. Y cancele las tarjetas bancarias. Ya le avisamos si sabemos algo.
HOMBRE: Gracias. Buenos días.
(Se repite la conversación)
Conteste a la pregunta número cinco: ¿Qué ha perdido el hombre?

Conversación 6
Va a escuchar a una mujer que habla con el empleado de una inmobiliaria.
HOMBRE: Agencia Rojo, buenas tardes. Mi nombre es José Manuel Toré. ¿En qué puedo ayudarle?
MUJER: Buenas tardes. Mi nombre es Pilar Urquiza. Pues... quiero un piso con cuatro dormitorios, dos baños y una terraza con vistas al mar.
HOMBRE: Perdone, pero ¿quiere comprar o alquilar?
MUJER: Alquilar, es verdad, no se lo he dicho, alquilar.
HOMBRE: ¿Con muebles o sin muebles? Y otra cosa, ¿lo quiere cerca del centro?
MUJER: Con muebles, sí, y si es posible cerca del centro y con vistas al mar. Yo quiero alquilar el mío y voy a dejarlo amueblado.
HOMBRE: ¿Lo quiere para una larga temporada?
(Se repite la conversación)
Conteste a la pregunta número seis: ¿Dónde quiere el piso la mujer?

PISTA 6
Tarea 2
Instrucciones:
Usted va a escuchar seis anuncios de radio y tiene que responder a seis preguntas. Cada audición se repite dos veces. Lea las preguntas (de la 7 a la 12) y seleccione la opción correcta (A, B o C).
A continuación va a oír un ejemplo.

Audio 0
HOMBRE: ¿Busca piso? Venta de ático en Marbella. Precioso ático de 75 m^2 de nueva construcción a 300 metros de la playa con vistas al mar. Zona residencial. Urbanización cerrada con vigilancia 24 horas. Club social con restaurante, bar y piscina. Jardines comunitarios. El ático dispone de una terraza de 20 m^2 y un solárium de 15 m^2. Cuenta con un salón grande, una cocina equipada, dos dormitorios, un cuarto de baño completo y un aseo. Interesados, llamar al teléfono móvil 689 456 4731 en horario de oficina.
CONTESTE a la pregunta número 0.
La opción correcta es la letra B porque es de nueva construcción.

Audio 1
Ahora tiene 10 segundos para leer la pregunta 7.
MUJER: ¿Quiere cambiar de casa? ¿Quiere hacerlo de forma rápida y con seguridad? Entonces, llámenos. *Mudanzas La Confianza.* Enviamos sus muebles a cualquier parte de España. Hacemos mudanzas pequeñas y grandes. Montamos y desmontamos muebles. Y si no sabe dónde ponerlos, nosotros podemos guardárselos. Somos puntuales y no cerramos los fines de semana. Llámenos y le daremos un presupuesto en 24 horas. Teléfono: 91 401 320 140.
(Se repite el audio)
Conteste a la pregunta número 7.

Audio 2
Ahora tiene 10 segundos para leer la pregunta 8.
HOMBRE: Óptica Bértiz. Tu vista es importante y las revisiones anuales son una buena forma de cuidarla. ¿Piensas que tus gafas tienen que ser el complemento perfecto para ir a la moda y favorecer tu imagen? En Óptica Bértiz puedes elegir entre una gran variedad de gafas de las firmas más prestigiosas nacionales e internacionales. Entra en una de nuestras tiendas y seguro que encuentras el modelo de gafas que más te gusta.
(Se repite el audio)
Conteste a la pregunta número 8.

Audio 3
Ahora tiene 10 segundos para leer la pregunta 9.
MUJER: Informática Miramar. En nuestro catálogo de informática online puedes comprar tu ordenador portátil, PC, tablet, monitores e impresoras, así como todo tipo de accesorios a un precio increíble. Aprovecha nuestras mejores ofertas. En Miramar sabemos que, en ocasiones, no acertamos con los regalos. Por ese motivo ampliamos los plazos para devolver tus compras hechas desde el 22 de diciembre hasta el 31 de enero.
(Se repite el audio)
Conteste a la pregunta número 9.

Audio 4

Ahora tiene 10 segundos para leer la pregunta 10.

HOMBRE: La Carrera Nocturna de Granada celebra su edición número 23. El viernes 19 de diciembre los más pequeños salen desde el Paseo del Salón a las 18:30 horas y los adultos a las 21:00 horas. ¡Disfruta de este evento deportivo y si te disfrazas puedes conseguir premios!

(Se repite el audio)

Conteste a la pregunta número 10.

Audio 5

Ahora tiene 10 segundos para leer la pregunta 11.

MUJER: Seguro médico Vida plena. Seguro de salud para todos. Los mejores especialistas. En Vida plena cuidamos de tu salud y la de los tuyos. Porque somos una compañía de seguros médicos con más de 60 años de experiencia que entiende tus necesidades y que pone a tu disposición el mejor cuadro médico.

(Se repite el audio)

Conteste a la pregunta número 11.

Audio 6

Ahora tiene 10 segundos para leer la pregunta 12.

HOMBRE: ¿Aún no has encontrado tu champú? En nuestra web ideasytrucos lo tenemos para ti. Nuestros champús no contienen productos químicos que perjudican la piel y tampoco dejan el pelo graso.

¿Necesitas lavarlo todos los días? ¿Ha perdido su brillo? Consulta nuestra web ideasytrucos.com para conseguir un champú verdaderamente natural.

(Se repite el audio)

Conteste a la pregunta número 12.

PISTA 7

Tarea 3

Instrucciones:

Usted va a escuchar una conversación entre dos amigos, Pilar y Pedro. Indique si los enunciados (del 13 al 18) se refieren a Pilar (A), a Pedro (B) o a ninguno de los dos (C). Escuchará la conversación dos veces.

Ahora tiene 30 segundos para leer los enunciados.

PILAR: Pedro, hola, ya estás aquí. Qué bien.

PEDRO: Sí, qué gusto estar contigo. Pilar, cuéntame, entonces ¿ya tenemos piso?

PILAR: Pues sí. Mira, ayer a las 8 me llamó José Manuel, el de la inmobiliaria, para decirme que una pareja finlandesa acababa de poner su piso en alquiler y que me iba a encantar.

PEDRO: ¿Lo has visitado ya?

PILAR: Sí, me lo ha enseñado a las 8:30 de la mañana.

PEDRO: ¿Y? Cuenta ¿cómo es?

PILAR: Está a seis minutos de la playa. Lo he mirado en el reloj, no exagero, a seis minutos.

PEDRO: ¡Qué bien! ¿Es un edificio moderno?

PILAR: Espera, espera. El edificio tiene 36 años pero está mantenido perfectamente. Tiene un gran jardín con juegos para niños, no tiene piscina, pero tiene aparcamiento cerrado.

PEDRO: ¿Y cómo es el piso por dentro?

PILAR: Eso es lo mejor. Está totalmente reformado y los muebles son de muy buen gusto.

PEDRO: ¡Qué bien! Oye, ¿cuántas habitaciones tiene? ¿Se ve el mar?

PILAR: Cuatro. Te cuento. Es una octava planta. Tiene una entrada de buen tamaño con un armario empotrado, una mesa estrecha y un espejo. A la derecha está el salón comedor. Los sofás son de un color azul precioso y la mesa es para ocho. Los cuadros son de buen gusto y lo mismo las lámparas. Hay una zona sin muebles donde puedes poner tu mesa y tu ordenador para trabajar. Tiene muchísima luz y la orientación es al Este, así es que no hace calor.

PEDRO: Sigue, sigue.

PILAR: Hay un pasillo y a la izquierda hay una cocina perfectamente equipada. Tiene todos los electrodomésticos. Es un poco pequeña, es el único inconveniente que le encuentro al piso, pero tiene lavadero.

PEDRO: ¿Y los dormitorios, la terraza y los baños?

PILAR: ¡Ay, es verdad! No te he dicho que hay una terraza de 10 metros cuadrados. No se ve el mar pero sí el jardín. La vista es muy agradable. Las habitaciones están bien de tamaño, bueno muy grandes no son, pero ¡están tan bien amuebladas! Y los baños perfectos. Modernos, uno con ducha y el otro con bañera, en colores muy claros y con unos materiales estupendos.

Venga, vamos a coger un taxi y vamos a visitarlo.

(Se repite la conversación)

Conteste ahora a las preguntas.

PISTA 8

Tarea 4

Instrucciones:

Usted va a escuchar ocho mensajes, incluido el ejemplo. Cada mensaje se repite dos veces. Seleccione el enunciado (de la A a la K) que corresponde a cada mensaje (del 19 al 25).

Hay once opciones, incluido el ejemplo. Seleccione siete.

A continuación va a oír un ejemplo.

Mensaje 0

HOMBRE: Hola, Marta. Te llamo para decirte que en muebles *El pato* han adelantado las rebajas. Desde pasado mañana y hasta el día 20, los sofás tienen un 20% de descuento. Por favor, díselo a Mariana que también quiere comprar uno. Chao.

La opción correcta es la letra C porque el descuento es hasta el día 20.

Ahora tiene 45 segundos para leer los enunciados.

Mensaje 1

MUJER: Papá, soy María. ¿Puedes prestarme tu coche esta tarde? Es que necesito llevar cajas al piso nuevo y mi coche está en el taller. ¡Llámame por favor o mándame un mensaje!

(Se repite el audio)

Elija la opción correcta.

Mensaje 2

HOMBRE: Buenos días, le comunicamos que ya puede venir al taller a recoger su coche. Nuestro horario es de 9 de la mañana hasta las 8 de la tarde. Por favor, pregunte por Isidoro. Gracias.

(Se repite el audio)

Elija la opción correcta.

Mensaje 3

MUJER: La compañía Telefónica le comunica que el jueves 12 a

las 9 de la mañana, dos empleados nuestros van a pasar por su edificio para instalar la fibra óptica. Perdone las molestias.
(Se repite el audio)
Elija la opción correcta.

Mensaje 4
HOMBRE: ¡Atención señores clientes! Les recordamos que nuestro supermercado abrirá desde las 9 de la mañana hasta las 5 de la tarde el domingo 7 de diciembre. ¡Les esperamos!
(Se repite el audio)
Elija la opción correcta.

Mensaje 5
MUJER: Doctor Rojas Muñoz, doctor Rojas Muñoz, le esperan urgentemente en la consulta 7.
(Se repite el audio)
Elija la opción correcta.

Mensaje 6
MUJER: Buenas tardes, Pilar, soy Nerea, la inquilina de tu piso. Te llamo para decirte que la lavadora no funciona. Por favor, llámame para decirme qué hago. Gracias y hasta pronto.
(Se repite el audio)
Elija la opción correcta.

Mensaje 7
MUJER: Floristería Peonía. Somos una empresa joven. Estamos en continua formación, asistimos a los cursos más novedosos y actuales con los mejores profesores en el arte floral. Ofrecemos todo tipo de servicios relacionados con el arte floral: bodas, decoración de iglesias, hoteles y restaurantes, eventos... Nos adaptamos a todo tipo de presupuestos y horarios. Nos desplazamos hasta tu domicilio o lugar de celebración para asesorarte en la decoración. Infórmate en el 935 27 82 17.
(Se repite el audio)
Elija la opción correcta.

EXAMEN 3

PISTA 9
Nivel A2
Prueba de comprensión auditiva
Escuche con atención todas las instrucciones.
Esta prueba contiene cuatro tareas. Usted debe responder a 25 preguntas.
La duración es de 40 minutos.

Tarea 1
Instrucciones:
Usted va a escuchar seis conversaciones. Escuchará cada conversación dos veces. Después, tiene que contestar a las preguntas (de la 1 a la 6). Seleccione la opción correcta (A, B o C).

A continuación va a oír un ejemplo.
Conversación 0
Va a escuchar a un hombre que habla con su compañera de trabajo.
HOMBRE: Hola, Aura, ¿qué tal el trabajo? ¿Cómo ha ido la semana?
MUJER: Bien, pero hemos tenido mucho trabajo, y no solo tú estabas fuera... Tú, en Roma, y Silvia... en Londres.
HOMBRE: Ah, ¿Silvia no ha estado esta semana? Yo creía que a Londres iba Carlos, ¿no?
MUJER: Ya, pero en el último momento se puso malo y canceló el viaje.
HOMBRE: ¿Y ha vuelto ya Silvia? Tenemos que trabajar juntos en un informe sobre los nuevos diseños.
MUJER: Jose, tranquilo. Todavía falta un mes para la reunión con el coordinador. No te estreses, tienes suficiente tiempo para hacer el informe.

Conteste a la pregunta: ¿Qué tiene que hacer el hombre?
La opción correcta es la letra C. Tiene que escribir un informe.
Ahora va a escuchar las seis conversaciones.

Conversación 1
Va a escuchar a unos amigos hablar del plan del fin de semana.
MUJER: Mario, entonces ¿te parece bien salir a tomar algo este viernes?
HOMBRE: Sí, claro, si no es demasiado pronto porque... Yo salgo de trabajar a las ocho.
MUJER: Creo que a las nueve podemos quedar sin problema. ¿Tú puedes?
HOMBRE: A las nueve y media está bien, así puedo llegar a casa y ducharme. Pero ¿vamos solos?, ¿o has quedado con alguien más?
MUJER: El lunes hablé con Maite y Rosa y tienen que llamarme hoy para decirme si vienen o no.
HOMBRE: Si no pueden venir, podemos llamar a José y Carmen y cenar algo con ellos.
MUJER: Bueno, pero llámalos ya y mejor vamos los seis. Más divertido.
(Se repite la conversación)
Conteste a la pregunta número uno: ¿Con quién quieren salir el fin de semana?

Conversación 2
Va a escuchar a un hombre que habla con su casera.
HOMBRE: Hola, Silvia, me alegro de verte, porque tenía que hablar contigo.
MUJER: Dime, Miguel, ¿cómo estás? ¿Qué tal en la casa? ¿Todo bien?
HOMBRE: Pues no, quería hablar contigo porque hay algunas cosas que no funcionan bien y solo llevo dos semanas con el alquiler.
MUJER: Ya sé, la nevera, ¿no? Recuerda que te comenté que es vieja y tengo que comprarte una nueva.
HOMBRE: No, no es la nevera. Es la cocina, no puedo cocinar porque no enciende. Creo que se ha roto.
MUJER: Pues llamaré a un técnico para revisar la cocina y también la lavadora, porque ya me dijiste que no lava bien. No te preocupes, todo estará bien en unos días.
(Se repite la conversación)
Conteste a la pregunta número dos: ¿Qué electrodoméstico no funciona?

Conversación 3
Va a escuchar a una mujer hablar con un dependiente.
MUJER: Disculpa, ¿a qué hora cerráis la tienda?

HOMBRE: En media hora. A las nueve.

MUJER: Es que quería comprar la pulsera azul de plata que hay en el escaparate, pero ahora tengo prisa...

HOMBRE: Si quieres te la reservo y vienes mañana. Por la mañana abro de diez a dos, y luego de cinco a nueve.

MUJER: Muchas gracias, entonces vengo mañana a las ocho más o menos.

HOMBRE: Muy bien, yo te guardo la pulsera. Hasta mañana.

(Se repite la conversación)

Conteste a la pregunta número tres: ¿Cuándo volverá la mujer a la tienda?

Conversación 4

Va a escuchar una conversación entre amigos hablando de un familiar.

MUJER: ¿Sabes? Estoy muy enfadada con mi hermano Raúl. Tiene 19 años y no hace nada; no estudia, no trabaja, está todo el día con el móvil.

HOMBRE: Hombre, ahora los jóvenes necesitan tener siempre el móvil cerca, es su forma de relacionarse.

MUJER: Pero antes le gustaba mucho salir con la bici, leer..., otras cosas.

HOMBRE: Pues es como Adriana, pero mi hija tiene 15 años... Ya le he dicho que o cambia de actitud o tendré que quitarle el móvil.

MUJER: Ya no sé qué hacer, ¡es muy difícil hablar con él!

HOMBRE: Sí, el móvil tiene ventajas, claro, pero muchas veces es un gran problema para los chicos y no son conscientes de ello.

(Se repite la conversación)

Conteste a la pregunta número cuatro: ¿Qué actividad prefiere el hermano de la mujer?

Conversación 5

Va a escuchar a una pareja hablar de un regalo para su hijo.

MUJER: Entonces, ¿qué podemos comprarle para su cumpleaños? Es el viernes 26, ya sabes.

HOMBRE: Sí, pero no tengo ni idea. El año pasado no le gustó mucho, y mira que era bonita la camisa... Creo que se la ha puesto dos veces.

MUJER: Es que sus gustos han cambiado, él ahora prefiere las camisetas, y si son negras, mejor.

HOMBRE: Pues piensa en algo, pero nada de ropa, ¿vale?

MUJER: Ya sé, podemos regalarle una bolsa de deporte, este invierno va a apuntarse al equipo de fútbol del instituto. Le gustará, seguro.

(Se repite la conversación)

Conteste a la pregunta número cinco: ¿Qué regalo van a comprar?

Conversación 6

Va a escuchar a una mujer que habla con el secretario de una escuela.

HOMBRE: Escuela CAMDEN, buenos días, dígame.

MUJER: Buenos días. He visto la publicidad de su escuela en una revista, y llamo para informarme sobre los cursos que organizan en un pueblo de la provincia de Castellón.

HOMBRE: Sí, ahora mismo le informo. Mi nombre es Paul Widdowson, ¿puede decirme su nombre, por favor?

MUJER: Sí, me llamo María Navarrete. Tengo vacaciones los quince últimos días de junio y quiero hacer un curso de inglés.

HOMBRE: De acuerdo, ahora mismo le explico. Este curso del que me habla, el de inmersión lingüística en inglés, está formado por un grupo de españoles y el mismo número de ingleses que conviven durante siete días en un pueblo de Castellón.

(Se repite la conversación)

Conteste a la pregunta número seis: ¿Dónde ha visto la mujer la publicidad de la escuela?

PISTA 10

Tarea 2

Instrucciones:

Usted va a escuchar seis anuncios de radio y tiene que responder a seis preguntas. Cada audición se repite dos veces. Lea las preguntas (de la 7 a la 12) y seleccione la opción correcta (A, B o C).

A continuación va a oír un ejemplo.

Audio 0

HOMBRE: Creada en enero de 2003, *Sistema educativo* es hoy la empresa líder de las clases particulares a domicilio. Especializada en el apoyo escolar a domicilio, tiene presencia en las principales ciudades de España. La originalidad y el cumplimiento de calidad más exigentes han merecido la concesión de importantes premios. Se la considera Empresa Socialmente Responsable desde junio de 2010 y Empresa Familiarmente Responsable desde junio de 2011.

Conteste a la pregunta 0.

La opción correcta es la letra C porque es empresa líder en clases particulares a domicilio.

Audio 1

Ahora tienen 10 segundos para leer la pregunta 7.

MUJER: ¿Buscas trabajo? Tenemos 553 puestos vacantes en Málaga, ofertas de empleo activas y recientes, elige las ofertas de trabajo que se adaptan a tu perfil en bolsatrabajo.com. Entra y busca ofertas de empleo de forma fácil y rápida, miles de empresas publican ofertas de trabajo cada día.

(Se repite el audio)

Conteste a la pregunta número 7.

Audio 2

Ahora tienen 10 segundos para leer la pregunta 8.

HOMBRE: ¿Tienes un minuto? Entra en *inglesenelcampo.com.* Infórmate con detalle sobre nuestros cursos intensivos de inglés.

En el apartado de cursos puedes conocer toda la estructura de nuestros programas intensivos.

En el calendario encontrarás las fechas en las que tienen lugar los cursos intensivos de inglés en plena naturaleza.

Y si tienes cualquier consulta no dudes en ponerte en contacto con nosotros.

(Se repite el audio)

Conteste a la pregunta número 8.

Audio 3

Ahora tienen 10 segundos para leer la pregunta 9.

MUJER: Cursos formativos Alianza

¿Te interesa diseñar, crear y mantener los jardines? "Técnico en jardinería" es tu curso.

Ese es el objetivo de nuestra formación en Técnico en Jardinería. Te preparamos para conocer las variedades de plan-

tas, técnicas de riego o características del suelo. Con esta formación en técnico de jardinería, puedes entrar en un interesante y creativo mundo laboral.
(Se repite el audio)
Conteste a la pregunta número 9.

Audio 4
Ahora tienen 10 segundos para leer la pregunta 10.
HOMBRE: Alquiler de Coches Mainakecar
Mainakecar.com es una compañía de alquiler de coches en Málaga con más de 20 años de experiencia en el sector. Ofrecemos nuestros servicios en el aeropuerto de Málaga. Le garantizamos un alquiler de coches barato y un servicio profesional. Le recogemos a su llegada y le llevamos hasta su coche en menos de tres minutos. También ofrecemos alquiler de coches en la estación de tren AVE de Málaga.
(Se repite el audio)
Conteste a la pregunta número 10.

Audio 5
Ahora tienen 10 segundos para leer la pregunta 11.
MUJER: Centro Pompidou. Cubo. Málaga
Horarios de apertura: De martes a domingo de 9.30 a 20 h. Los días 1 de enero y 25 de diciembre, cerrado. Del 15 de junio al 15 de septiembre: de 11 a 22 h.
Precios de la entrada: Combinada: general 9 euros y reducida 5,50 euros. Permanente: general 7 euros y reducida 5,50 euros. Temporal: general 4 euros y reducida 2,50 euros.
(Se repite el audio)
Conteste a la pregunta número 11.

Audio 6
Ahora tienen 10 segundos para leer la pregunta 12.
HOMBRE: *Cruceros La Niña*, empresa con más de 14 años de experiencia en barcos turísticos, les comunica que tiene en el Puerto de La Caleta a "La Niña", embarcación de madera que dispone de salón principal cubierto con aseo y bar, cubierta abierta, y capacidad para 80 pasajeros.
Paseo de 1 hora aproximada de duración. Durante el recorrido se ofrece a los pasajeros una bebida degustación de sangría, agua o refresco. Si el tiempo es bueno y hace calor, se puede disfrutar de un baño en alta mar.
(Se repite el audio)
Conteste a la pregunta número 12.

PISTA 11
Tarea 3
Instrucciones:
Usted va a escuchar una conversación entre dos personas, Enrique y María José. Indique si los enunciados (del 13 al 18) se refieren a Enrique (A), a María José (B) o a ninguno de los dos (C). Escuchará la conversación dos veces.
Ahora tiene 30 segundos para leer los enunciados.
ENRIQUE: Hola, María José. ¡Cuánto tiempo sin verte!
M.ª JOSÉ: Sí, vaya que sí. ¿Qué tal, Enrique? ¿Qué es de tu vida?
ENRIQUE: Pues mira estoy haciendo un máster... a ver si así encuentro trabajo.
M.ª JOSÉ: ¿Buscas trabajo aquí o no te importaría irte a otro país?
ENRIQUE: La verdad es que prefiero quedarme aquí, pero si tengo que viajar a otro país para trabajar, pues tampoco es grave. ¿Y tú tienes trabajo?
M.ª JOSÉ: Sí, soy afortunada, pero no te creas que mi sueldo es bueno. Trabajo mucho y cobro poco, pero ¡en fin...!
ENRIQUE: ¿Tienes tiempo? ¿Tomamos un café juntos?
M.ª JOSÉ: Venga, sí. Tengo un poco de tiempo antes de volver al trabajo.
ENRIQUE: ¿Sabes algo de Andrea y Pablo? Hace casi dos años que no los veo.
M.ª JOSÉ: Sí, están trabajando en una ciudad en el norte de Inglaterra. Están contentos con sus trabajos y con los sueldos, pero echan mucho de menos todo lo de aquí. Al principio Andrea lo pasó mal porque no encontraba trabajo. Después de cinco meses encontró uno que no estaba mal del todo. Hace un año cambió de trabajo y ahora, como te he dicho, está más contenta.
ENRIQUE: ¿Has ido a visitarlos?
M.ª JOSÉ: Sí, el año pasado me invitaron a su casa. Pasé unos días estupendos. Alquilamos un coche y viajamos durante tres días por el campo. Dormimos en unas casas rurales que estaban muy bien. Me encantó todo lo que vimos y, por cierto, tuvimos suerte con el tiempo. También recorrimos a pie la ciudad donde viven, vimos monumentos, edificios, museos. Un día los invité a comer en un restaurante. La comida estaba estupenda y nos pusieron pan y aceite de oliva en la mesa.
ENRIQUE: ¡Qué bien! Pues sí que es extraño lo del aceite de oliva en la mesa en Inglaterra...
M.ª JOSÉ: Pues sí, a mí también me extrañó... Es que creo que el cocinero era italiano, pero, anda, cuéntame tú algo. ¿Qué estudias y dónde?
ENRIQUE: Estoy haciendo un máster de marketing digital en la universidad. Es muy interesante. No somos muchos estudiantes y tenemos muy buena relación. Solo tenemos clase los viernes y sábados.
M.ª JOSÉ: ¿Los sábados también?
ENRIQUE: Pues sí, los sábados también. Oye, ¿pagamos y nos vamos? Es que ya es un poco tarde.
M.ª JOSÉ: Sí, Sí, claro. Vámonos. Espera, te doy mi número de móvil. Apunta. 627 86 54 50. Suerte y nos llamamos esta semana ¿vale? Chao.
ENRIQUE: Estupendo, te llamo sin falta y quedamos. Hasta pronto.
(Se repite la conversación)
Conteste ahora a las preguntas.

PISTA 12
Tarea 4
Instrucciones:
Usted va a escuchar ocho mensajes, incluido el ejemplo. Cada mensaje se repite dos veces. Seleccione el enunciado (de la A a la K) que corresponde a cada mensaje (del 19 al 25).
Hay once opciones, incluido el ejemplo. Seleccione siete.
A continuación va a oír un ejemplo.

Mensaje 0
MUJER: Juan, ¿qué tal la entrevista de trabajo? Me dijiste que ibas a llamarme y no lo has hecho. Anda, llama y cuéntame qué tal te ha ido..., que estoy nerviosa esperando tus noticias.
La opción correcta es la letra F porque le pregunta por la entrevista.
Ahora tiene 45 segundos para leer los enunciados.

Mensaje 1

MUJER: Marta, hola. ¿Puedes venir esta tarde a casa a preparar juntas el examen de alemán? Es que no me concentro nada y estoy aburrida y desesperada. Por favor, ven, que contigo seguro que lo preparo bien.
¡Llámame o mándame un mensaje!

(Se repite el audio)

Elija la opción correcta.

Mensaje 2

HOMBRE: Marta, ¿qué tal tu primer día de trabajo? Te llamo al fijo porque no he querido llamarte al móvil por si acaso estás con alguien del trabajo. Llámame si quieres al fijo, hace 20 minutos que estoy en casa.

(Se repite el audio)

Elija la opción correcta.

Mensaje 3

MUJER: Buenos días, señor Oyón. Le llamamos para recordarle que mañana tiene cita con el dentista Ramírez a las 11 de la mañana. Por favor, no olvide traer la radiografía que le hizo el doctor la semana pasada. Muchas gracias.

(Se repite el audio)

Elija la opción correcta.

Mensaje 4

HOMBRE: Atención, por favor. Se ruega al propietario del coche Citroën C4 matrícula 3712 GFR que lo retire urgentemente ya que está mal aparcado y no permite la entrada de camiones. Gracias.

(Se repite el audio)

Elija la opción correcta.

Mensaje 5

HOMBRE: Alfonso, no te olvides de que hemos cambiado de hora y lugar para el partido de fútbol. Es a las 8 y en el polideportivo de Ciudad Lineal. ¡Nos vemos! Oye, oye ¿por qué no me recoges a las 7:30 en la parada del autobús y me llevas en tu coche? ¡Llámame y dime algo!

(Se repite el audio)

Elija la opción correcta.

Mensaje 6

MUJER: Estimados clientes del centro comercial *Siete Mares*, les comunicamos que a partir de hoy contamos con dos diferentes establecimientos: el restaurante vegetariano *Comesano* y el gimnasio *En marcha*. Entren a visitarlos sin ningún compromiso. ¡Les esperamos!

(Se repite el audio)

Elija la opción correcta.

Mensaje 7

MUJER: Jardín botánico-histórico de La Concepción
Jardín botánico-histórico de La Concepción
Visítanos en Málaga, en el Camino del Jardín Botánico, n.º 3.
El Jardín se puede visitar individualmente de forma libre o guiada. El servicio de guía se paga aparte.
Los grupos tienen que ser de 20 o más personas y deben de ir acompañados por un guía. Hay tres tipos de visitas, con duración variable entre una hora y cuarto y cuatro horas.
Infórmate en el teléfono 951926180 y reserva tus entradas.

(Se repite el audio)

Elija la opción correcta.

EXAMEN 4

PISTA 13
Nivel A2
Prueba de comprensión auditiva
Escuche con atención todas las instrucciones.
Esta prueba contiene cuatro tareas. Usted debe responder a 25 preguntas.
La duración es de 40 minutos.

Tarea 1
Instrucciones:
Usted va a escuchar seis conversaciones. Escuchará cada conversación dos veces. Después, tiene que contestar a las preguntas (de la 1 a la 6). Seleccione la opción correcta (A, B o C).

A continuación va a oír un ejemplo.
Conversación 0
Va a escuchar a una mujer que habla con su peluquero.

MUJER: Buenas tardes, Carlos, llego un poco tarde, no podía aparcar.

HOMBRE: Está bien, llegas a tiempo. ¿Cómo quieres que te peine?

MUJER: Hoy no quiero peinarme, solo quiero cortarme el pelo y teñirme.

HOMBRE: ¿Pero te vas a cortar mucho? Tú lo tienes muy rizado...

MUJER: Sí, pero quiero el pelo muy corto. Este verano está haciendo mucho calor y tengo el pelo demasiado largo. Y me gustaría cambiar de color, me gustaría... rubio.

HOMBRE: Ah, muy bien, creo que estarás muy guapa con el pelo más corto y rubio. Vamos a lavarlo primero.

Conteste a la pregunta: ¿Cómo tiene el pelo la mujer?
La opción correcta es la letra C. Tiene pelo castaño, largo y rizado.
Ahora va a escuchar las seis conversaciones.

Conversación 1
Va a escuchar a un hombre hablar con la dependienta de un estanco.

HOMBRE: Hola, buenas, quería un abono de transporte.

MUJER: Pero quiere el bono de diez viajes para metro y autobús o el abono mensual.

HOMBRE: ¿Con el abono mensual puedo usar también el tren de cercanías?

MUJER: Sí, claro, y el tranvía. Depende de su zona, ¿vive en zona B o C o...?

HOMBRE: Sí, zona C. Me interesa poder usar el tren, como le digo.

MUJER: Si solo va a viajar en tren, es más económico el bono de diez viajes.

HOMBRE: No, también voy a usar el metro y el autobús casi todos los días de este mes. Tengo el coche en el taller y tiene una avería muy grande... Estaré sin el coche casi un mes.

(Se repite la conversación)

Conteste a la pregunta número uno: ¿Qué transporte usa el hombre normalmente?

Conversación 2
Va a escuchar a una mujer que habla con el empleado de una lavandería.

MUJER: Buenos días, disculpe, anteayer recogí de aquí unas prendas que tenía para lavar y planchar...

HOMBRE: Sí, me acuerdo. Tenías pantalones y un par de camisas y algunas camisetas...

MUJER: Eso es, pues resulta que no abrí la bolsa hasta ayer y he visto que faltan algunas prendas.

HOMBRE: ¿Sí? ¿Qué prendas? Déjame ver la nota... Seis prendas en total... Sí, dime.

MUJER: Pues no tengo el pantalón largo de piel ni la camisa. El resto, unos pantalones cortos, unos vaqueros y tres camisetas están en casa en perfectas condiciones.

HOMBRE: Lo comprobaré y ya te llamo mañana. Seguro que están en el almacén. No se han perdido, no. Mañana te llamo a primera hora.

(Se repite la conversación)

Conteste a la pregunta número dos: ¿Qué prendas no tiene la mujer?

Conversación 3

Va a escuchar a dos amigos que hablan de quedar.

MUJER: Hola, Manuel, ¿llevas mucho tiempo esperándome?

HOMBRE: Diez minutos. He llegado a las cuatro.

MUJER: Bueno, pues como te comenté ayer, que estaría bien quedar esta semana para preparar el examen juntos.

HOMBRE: Podemos quedar de cinco a siete, pero ahora ¿dónde te apetece ir?

MUJER: ¿A tomar chocolate con churros? Hace meses que no los pruebo.

HOMBRE: Vale, y luego nos vamos al cine. Ponen una película muy buena.

(Se repite la conversación)

Conteste a la pregunta número tres: ¿Para qué quieren quedar?

Conversación 4

Va a escuchar a un hombre hablar con una camarera en un restaurante.

MUJER: Hola, buenos días, ¿qué va a tomar? ¿Menú o carta?

HOMBRE: Prefiero menú. ¿Qué tienen?

MUJER: Lo siento, porque es tarde y de menú solo queda, de primero, crema de verduras o arroz con pollo, y de segundo, merluza rebozada y ternera guisada.

HOMBRE: ¿Y puedo tomar medio menú y un postre?

MUJER: Por supuesto, le incluye el pan y la bebida también.

HOMBRE: Entonces, voy a tomar el arroz y un flan de huevo, por favor. Y una botella de agua, gracias. Sin pan.

(Se repite la conversación)

Conteste a la pregunta número cuatro: ¿Qué alimento no va a tomar el hombre?

Conversación 5

Va a escuchar una conversación entre amigos para preparar una fiesta.

HOMBRE: Ya sé qué podemos hacer para el cumpleaños de Jose. Algo importante, que cumple 39 años...

MUJER: Pues lo mejor es reunirnos todos los amigos y preparar una comida para juntarnos y charlar.

HOMBRE: ¿Y dónde lo hacemos? ¿En tu casa? Así podemos bañarnos en la piscina y cenar en el jardín. No seremos más de 7. Ya he hablado con ellos, vienen todos.

MUJER: Qué bien, pues ahora hay que pensar en qué le regalamos, eso sí que tiene que ser especial.... Podemos hacerle un regalo entre todos.

HOMBRE: Anda, escríbeles un email y pídeles su opinión, a ver qué piensan ellos. Yo puedo ir a comprarlo el sábado antes del cumple. No trabajo este sábado.

(Se repite la conversación)

Conteste a la pregunta número cinco: ¿Dónde piensan celebrarlo?

Conversación 6

Va a escuchar a un hombre que habla con la gerente de un restaurante.

MUJER: Buenas tardes, Andrés. Soy Marisa Campos, del Restaurante Los cisnes. Le llamo para saber si ya tienen la fecha definitiva de la boda.

HOMBRE: Sí, ya la tenemos, nos casamos el 19 de noviembre, a las seis de la tarde. Alejandra y yo queremos tenerlo todo preparado con tiempo...

MUJER: Entiendo, la reserva entonces es para ese día, el sábado 19... a las ocho y media.

HOMBRE: En principio solo habíamos pensado en la cena; queremos celebrar la boda sin baile, como ya le dijimos.

MUJER: Perfecto, entonces solo la cena. ¿Han pensado en el menú? De los menús que les enseñé, ¿han elegido ya alguno?

HOMBRE: Hemos dudado mucho entre el 3 y el 5. ¿Nos puede ayudar a elegir uno entre estos dos? Le recuerdo que en nuestras familias hay muchos niños...

(Se repite la conversación)

Conteste a la pregunta número seis: ¿Qué van a celebrar en el restaurante?

PISTA 14

Tarea 2

Instrucciones:

Usted va a escuchar seis anuncios de radio y tiene que responder a seis preguntas. Cada audición se repite dos veces. Lea las preguntas (de la 7 a la 12) y seleccione la opción correcta (A, B o C).

A continuación va a oír un ejemplo.

Audio 0

HOMBRE: Este verano puedes hacer cosas que siempre quisiste hacer.

¡Gran ahorro para ti y tu familia!

Hasta el 15 de este mes puedes tener descuentos de hasta el 30%, si pagas en gasolineras con las tarjetas MIPLAN. Ropa, pequeños electrodomésticos, calzado y... un sinfín de productos que te van a interesar mucho.

Consulta nuestro catálogo en *www.miplan/ahorro.com.* ¡Imagínate todo lo que puedes ahorrar y todo lo que puedes hacer!

Conteste a la pregunta número 0.

La opción correcta es la letra C porque hay descuentos en ropa, calzado, etc., si pagas la gasolina con una tarjeta.

Audio 1

Ahora tiene 10 segundos para leer la pregunta 7.

MUJER: ¿Bella durante todo el día? Sí. Con *Lip Eterno,* el lápiz labial que mantiene tus labios con un aspecto de recién pintados durante 12 horas seguidas. Su acabado suave y claro y un extraordinario brillo, resaltarán tus labios como a ti te gusta.

¡Ya lo tienes! Para unos labios bonitos durante todo el día..., incluso después de comer y beber..., píntate con *Lip Eterno* y tendrás unos labios sublimes.

Busca en tu tienda *Lip Eterno*, la fuerza de la belleza.

(Se repite el audio)

Conteste a la pregunta número 7.

Audio 2

Ahora tiene 10 segundos para leer la pregunta 8.

HOMBRE: ¿Estás cansado de la música comercial? El *Live Festival III* es tu solución.

Live! Magazine organiza el *Live Festival III*, la tercera edición de un impresionante festival de tres días de rock internacional (los días 7, 8 y 9 de agosto) con los grupos más punteros del panorama del rock europeo.

Además, el *Live Festival II* incluye un circuito de conciertos por diferentes bares de la ciudad y un cine-club con una selección de las mejores proyecciones.

También disponemos de soluciones para tu estancia en la ciudad.

Todo lo relacionado con el festival, lo tienes en *livemagazine.com*.

(Se repite el audio)

Conteste a la pregunta número 8.

Audio 3

Ahora tiene 10 segundos para leer la pregunta 9.

MUJER: El día a día puede ser mejor si lo deseas. Cafés *Sukofi* lo hace posible.

Cuando tomo mi café *Sukofi* antes de salir de casa, siento que estoy en los carnavales de Río de Janeiro. Con *Sukofi* al mediodía... bailo al son de los tambores congoleños... Escucho un precioso vals en el Liceo de Viena a la hora de la merienda... Y para dormir... mi descafeinado *Sukofi*, el café que me da lo que necesito para cada momento del día. *Sukofi*, el café te da vida.

(Se repite el audio)

Conteste a la pregunta número 9.

Audio 4

Ahora tiene 10 segundos para leer la pregunta 10.

HOMBRE: ¿Quieres ir a una fiesta? ¿Ir a la playa de vacaciones? ¿Irte a esquiar?

En *Ropero*, la mayor tienda online europea, puedes encontrar una gran selección de ropa, calzado y accesorios para los más modernos y actuales. Cada día tenemos nuevos artículos y una gran cantidad de novedades para darte lo que buscas. Nos encanta la moda y te presentamos las nuevas tendencias... pero, si prefieres encontrar tu ropa o calzado a un precio más económico, en nuestra sección de ofertas los puedes encontrar.

¡Visítanos en *ropero.com* y déjate inspirar por nuestra selección!

(Se repite el audio)

Conteste a la pregunta número 10.

Audio 5

Ahora tiene 10 segundos para leer la pregunta 11.

MUJER: Para sentirte a gusto en tu propia casa, el mejor mueble es el que se adapta a cada necesidad con plena garantía.

Expomuebles Castilla presenta los nuevos diseños y los estilos más tradicionales para satisfacer todos los gustos en decoración del hogar.

Expomuebles Castilla, Asociación del Mueble de Castilla.

Ah, y no olvides que en *Expomuebles Castilla* ponemos a tu disposición los profesionales más cualificados, tanto en asesoramiento como en montaje ¡al mejor precio!

(Se repite el audio)

Conteste a la pregunta número 11.

Audio 6

Ahora tiene 10 segundos para leer la pregunta 12.

HOMBRE: Quesos, vinos, aceitunas, conservas de pescado, aceite de oliva o los jamones ibérico y serrano procedentes de España conquistan el mercado estadounidense y entran en sus tiendas gourmet. Un año más, España participa en la mayor feria gourmet, que en esta ocasión tiene lugar del 30 de junio al 2 de julio en Nueva York. En total son 56 empresas españolas las que participan en este importante foro alimentario.

(Se repite el audio)

Conteste a la pregunta número 12.

PISTA 15

Tarea 3

Instrucciones:

Usted va a escuchar una conversación entre dos amigos, Juan e Irene. Indique si los enunciados (del 13 al 18) se refieren a Juan (A), a Irene (B) o a ninguno de los dos (C). Escuchará la conversación dos veces.

Ahora tiene 30 segundos para leer los enunciados.

JUAN: Ah, Irene, ¿qué tal? No te he visto en todo el día, ayer tampoco...

IRENE: No, no vine a trabajar porque tengo unos días para la mudanza y este fin de semana tengo que salir a ver algunos muebles y otras cosas que necesito. He pensado que, como te aburres tanto los sábados, podías acompañarme mañana a hacer esas compras. ¿Tienes algo que hacer mañana?

JUAN: No especialmente; bueno, he quedado para ir al cine, a las ocho, pero no voy a ir; tengo que estudiar para el examen de francés.

IRENE: Entonces... ¿puedes acompañarme? Ya sabes que no me gusta elegir sola las cosas, además no conozco el barrio y no sé qué tiendas son mejores.

JUAN: Bueno, depende... hay tiendas muy buenas... y también podemos ir al centro o a algún centro comercial. No hay problema.

IRENE: Vale, me parece bien. Necesito comprar algunas cosas para la casa. También una estantería y una lámpara de mesa para leer.

JUAN: Si necesitas un sillón, yo tengo uno en el trastero que puede ser útil para ti.

IRENE: Perfecto, porque tengo una silla y una mesa en la cocina, para comer, y, sí, necesito un sillón para ver la tele más cómoda. Oye, ¿y a qué hora quedamos? Tenemos que quedar temprano, porque tenemos muchas cosas que hacer...

JUAN: Podemos quedar a las nueve y media; casi todas las tiendas abren a las diez, ya sabes.

IRENE: Vale, quedamos en la esquina del parque, donde el quiosco de prensa. Por cierto, ¿qué tal en el trabajo estos días?

JUAN: Bien, pero con mucho trabajo, como siempre. Han hecho cambios en la oficina, han quitado las mesas del centro y van a comprar algún ordenador nuevo y una impresora de color. Ah, y una cafetera para los que desayunan en la oficina.

IRENE: ¡Vaya! ¡Cuántos cambios! ¡En mi casa y en la oficina!

JUAN: Estoy pensando que a lo mejor puedes coger alguno de los muebles que van a tirar, alguna estantería... y así no tienes que comprarla. ¿Por qué no se lo preguntas al jefe? Están en buen estado.

IRENE: Sí, tienes razón; puedo esperar y comprar la estantería más adelante, se lo voy a preguntar el lunes. ¡Qué buena idea!

JUAN: ¿Quieres beber algo?
IRENE: No, gracias, tengo prisa, tengo que irme ya. Nos vemos mañana, a las 9 y media.
JUAN: Nos vemos.
(Se repite la conversación)
Conteste ahora a las preguntas.

PISTA 16
Tarea 4
Instrucciones:
Usted va a escuchar ocho mensajes, incluido el ejemplo. Cada mensaje se repite dos veces. Seleccione el enunciado (de la A a la K) que corresponde a cada mensaje (del 19 al 25).
Hay once opciones, incluido el ejemplo. Seleccione siete.
A continuación va a oír un ejemplo.

Mensaje 0
MUJER: Hola, soy Carmen. Te llamo porque ya tengo las entradas para el concierto. Al final han sido más caras, te llamé y no estabas, así que he decidido comprarlas porque estaban prácticamente agotadas. Llámame y nos tomamos algo y te doy las entradas porque no quiero perderlas. Un beso.
La opción correcta es la letra G porque ya tiene entradas.
Ahora tiene 45 segundos para leer los enunciados.

Mensaje 1
HOMBRE: Buenos días, le llamamos del Instituto Calderón para comunicarle que la tutoría de su hijo es el miércoles a las cinco y media. Si tiene algún problema para acudir ese día, por favor, avísenos por teléfono y le daremos otra cita o díganos qué día le viene bien. Muchas gracias.
(Se repite el audio)
Elija la opción correcta.

Mensaje 2
MUJER: Hola, buenas tardes, esta llamada es del Ayuntamiento de Linares. Tenemos aquí una carpeta con documentación a nombre de Rafael Gómez y este teléfono. Si usted es Rafael Gómez, llame al teléfono 93 6732 897 para poder recogerla de lunes a viernes, de 8 de la mañana a 4 de la tarde. Mi nombre es Rocío.
(Se repite el audio)
Elija la opción correcta.

Mensaje 3
HOMBRE: Bienvenidos a la Feria del bocadillo en un día tan soleado. No os perdáis las actuaciones de los grupos locales que empiezan en unos minutos. Todos los puestos han sido preparados para comer y beber en buena compañía con amplias mesas y asientos para todas las edades. El premio al mejor bocadillo es a las seis de la tarde. Gracias a todos los voluntarios que han participado para poder disfrutar de este día y mantener limpio este recinto. Gracias a todos y ¡que aproveche!
(Se repite el audio)
Elija la opción correcta.

Mensaje 4
MUJER: Mia, he estado llamándote todo el día. No he podido hacer la reserva todavía y me va a ser imposible mañana. ¿Puedes llamar tú? Una mesa para siete, sobre las nueve, o si quieres un poco más tarde. Yo llegaré a las diez. Llama a Juan para avisarle porque no sabe dónde es la cena. ¡Nos vemos!
(Se repite el audio)
Elija la opción correcta.

Mensaje 5
HOMBRE: Señores viajeros, próxima estación Madrid Puerta de Atocha, final de viaje. Renfe les agradece que hayan elegido nuestros servicios y confiamos poder atenderles de nuevo a bordo. Por favor, permanezcan en sus asientos hasta que el tren se pare por completo y no olviden sus objetos personales. Gracias.
(Se repite el audio)
Elija la opción correcta.

Mensaje 6
MUJER: Se ruega al propietario del coche con matrícula 1728 GRC que retire su vehículo urgentemente por estar mal estacionamiento en la puerta del supermercado. Gracias.
(Se repite el audio)
Elija la opción correcta.

Mensaje 7
MUJER: Alcalá de Henares celebra una vez más su *Mercadillo Cervantino*. El mercadillo comienza el próximo jueves 8 de octubre, antes de la fiesta local del 9 de octubre, y termina el lunes 12, fiesta nacional.
El casco histórico se convierte en un escenario vivo que nos transporta al pasado. Allí puedes disfrutar de puestos callejeros, vendedores, artesanos, cantantes e incluso vecinos vestidos a la manera de la época.
Ven al mercadillo medieval más grande de España y de Europa, con cerca de 300 000 visitantes. ¡Te esperamos!
(Se repite el audio)
Elija la opción correcta.

EXAMEN 5

PISTA 17
Nivel A2
Prueba de comprensión auditiva
Escuche con atención todas las instrucciones.
Esta prueba contiene cuatro tareas. Usted debe responder a 25 preguntas.
La duración es de 40 minutos.

Tarea 1
Instrucciones:
Usted va a escuchar seis conversaciones. Escuchará cada conversación dos veces. Después, tiene que contestar a las preguntas (de la 1 a la 6). Seleccione la opción correcta (A, B o C).

A continuación va a oír un ejemplo.
Conversación 0
Va a escuchar a dos amigos hablar de una cita.
HOMBRE: María, ¿cuándo has quedado con Mateo? No sé si podré acompañaros.
MUJER: He quedado el viernes a las 8, iremos a ver una película.
HOMBRE: ¿Qué película? ¿De las que le gustan a Mateo?
MUJER: Pues no sé muy bien qué vamos a hacer al final, porque él propuso ir a ver una actuación de jazz en un bar del centro.

HOMBRE: Pues si puedo, salgo con vosotros. Pero si me llama Ana para quedar, iré con ella a cenar a una pizzería que han abierto hace poco y está muy bien.

MUJER: Pues avísame si sabes algo, para decirle a Mateo si finalmente vienes con nosotros.

Conteste a la pregunta: ¿Qué ha propuesto Mateo?

La opción correcta es la letra C. Ver una actuación de jazz.

Ahora va a escuchar las seis conversaciones.

Conversación 1

Va a escuchar a una mujer que está comprando en una carnicería.

MUJER: Hola, buenos días, ¿me pone unos filetes de pollo?

HOMBRE: ¿Cuánto quería? ¿Una pechuga?

MUJER: Sí, por favor, una pechuga cortada en filetes. Y otra de pavo, entera, para asar. ¿A cómo está el pavo?

HOMBRE: Son siete cincuenta el kilo. ¿Y algo más quería?

MUJER: No, nada más. Bueno, sí, ¿podría darme cuatro chuletas de cordero?

HOMBRE: Por supuesto, ¿solo quiere cuatro? Hoy, el cordero está en oferta, están a nueve con noventa. ¿Le pongo un kilo? Puede congelarlo sin problema.

MUJER: No, gracias, mi nevera es pequeña y no congela bien. Dígame qué le debo.

(Se repite la conversación)

Conteste a la pregunta número uno: ¿Qué carne está de oferta?

Conversación 2

Va a escuchar a un hombre que habla con la empleada de una biblioteca.

HOMBRE: Buenas tardes, quería saber qué tengo que hacer para tener el carné de la biblioteca, para mi hija de 8 años.

MUJER: Si vive aquí, solo tiene que traer una foto de la niña y rellenar este impreso con sus datos. Le damos el carné en el momento.

HOMBRE: ¿Y cuesta algo o es gratis?

MUJER: Es gratis. Y la biblioteca está abierta todos los días, excepto el domingo, de 9 de la mañana a 9 de la noche las salas de adultos y hasta las 7 de la tarde las de infantil.

HOMBRE: Perfecto, si me da el impreso, lo relleno ahora y la foto la traigo ya mañana con la niña. ¿Y mi DNI, no lo necesita?

MUJER: No, no necesito copia de su DNI. Mire, aquí tiene el impreso, no olvide firmarlo y poner un teléfono de contacto.

(Se repite la conversación)

Conteste a la pregunta número dos: ¿Qué necesita el hombre para solicitar el carné?

Conversación 3

Va a escuchar a una pareja hablar de la compra.

MUJER: Jaime, hoy voy a salir tarde de trabajar porque tenemos una reunión a las 6, así que encárgate tú de ir al mercado, por favor.

HOMBRE: Vale, pero ¿qué querías comprar?

MUJER: Mira, en la mesa tienes la lista. No vayas al mercado, mejor al súper, que puedes comprar todo allí.

HOMBRE: Ya veo: jamón, unas judías verdes, una docena de huevos, pan de molde y fruta, ¿pero alguna fruta en especial?

MUJER: Sí, compra plátanos y fresas, no compres manzanas, que tenemos todavía. Y unas cebollas, y tomates para gazpacho. ¿Lo tienes claro?

HOMBRE: Sí, medio kilo de cada cosa, ¿no? Es lo que pone aquí.

(Se repite la conversación)

Conteste a la pregunta número tres: ¿Qué fruta no necesitan comprar?

Conversación 4

Va a escuchar a unos amigos hablar de vacaciones.

MUJER: Mario, entonces, ¿cuándo te vas de vacaciones?

HOMBRE: Me voy en septiembre, al Mediterráneo, a tomar el sol, a la playa, que este invierno ha sido muy frío aquí.

MUJER: ¿Has cogido un apartamento?

HOMBRE: No, repito hotel, porque me encantó el año pasado. Está muy cerca de la playa y está muy bien de precio, además la comida es excelente.

MUJER: ¿Y tiene gimnasio o sauna? ¿Piscina?

HOMBRE: Sí, tiene de todo. Además hay un balneario a 4 kilómetros. Es ideal. No me importa repetir. Como alquilan bicicletas, te olvidas del coche; no necesitas ir a la ciudad para nada. Es un lujo pasar las vacaciones allí. Tienes que ir algún día, te gustará.

(Se repite la conversación)

Conteste a la pregunta número cuatro: ¿Dónde pasará sus vacaciones el hombre?

Conversación 5

Va a escuchar a un hombre hablar con la empleada de una guardería de mascotas.

HOMBRE: Buenos días, traigo a mi perra y al gato, están fuera, ¿los traigo?

MUJER: Tenías reserva, ¿verdad? ¿Cómo se llaman?

HOMBRE: La perra se llama Mara y el gato, Robin.

MUJER: Vale, ya tengo aquí sus fichas. Los dejas una semana, ¿verdad? Hasta el próximo miércoles, día 18.

HOMBRE: Sí, los recogeré el 18 a partir de las siete de la tarde. ¿Hasta qué hora estáis aquí?

MUJER: No te preocupes por la hora. Cerramos a las 8, pero aquí siempre hay alguien. Eso sí, si puedes avisar con una hora para prepararlos, mejor.

HOMBRE: Eso haré, de todas formas, espero poder venir antes. Una cosa importante: la perra es bastante nerviosa y a veces intenta morder. Espero que no dé demasiados problemas.

MUJER: No te preocupes, aquí sabemos cómo actuar cuando los animales se comportan así. Vete tranquilo, tus mascotas estarán bien aquí.

(Se repite la conversación)

Conteste a la pregunta número cinco: ¿Qué le preocupa más a su dueño?

Conversación 6

Va a escuchar a una mujer que habla con un agente de turismo.

HOMBRE: Oficina de Turismo de Madrid, buenos días, le atiende Pablo Cortés. ¿En qué puedo ayudarle?

MUJER: Sí... Buenos días... Voy a estar durante el día de hoy en Madrid y quería algo de información para aprovechar estas horas antes de irme.

HOMBRE: Muy bien, ¿tiene alguna preferencia? ¿Le interesa algo especialmente?

MUJER: Bueno, ya he estado aquí otras veces y he visitado algunos museos: la Casa-Museo Sorolla y el Museo del Prado, ah, y el Reina Sofía. Prefiero conocer otros lugares para ver un poco la vida de esta ciudad. Bueno, al Parque del Retiro sí pienso ir... Me apetece pasear tranquilamente...

HOMBRE: Si va a ir al Retiro, tiene suerte, porque se celebra ahora la Feria del Libro allí mismo; La Feria abrió este viernes y está hasta el 14 de junio. Si su plan es pasar el día en espacios abiertos, puede ser una buena idea. Le cuento un poco, si quiere.

(Se repite la conversación)

Conteste a la pregunta número seis: ¿Qué prefiere visitar la mujer?

PISTA 18

Tarea 2

Instrucciones:

Usted va a escuchar seis anuncios de radio y tiene que responder a seis preguntas. Cada audición se repite dos veces. Lea las preguntas (de la 7 a la 12) y seleccione la opción correcta (A, B o C).

A continuación va a oír un ejemplo.

Audio 0

MUJER: El estreno en España de la película *Inside Out,* con el título de "Del revés", está previsto para el 17 de julio. La película muestra cómo las emociones de una niña (Alegría, Miedo, Tristeza, Ira y Enfado) interactúan y se manifiestan desde su mente hacia el exterior. Aquellas vocecitas muestran cómo la pequeña supera los problemas de su vida cotidiana y se adapta a su nueva vida en San Francisco.

Conteste a la pregunta número 0.

La opción correcta es la letra C porque se anuncia el estreno de la película.

Audio 1

Ahora tiene 10 segundos para leer la pregunta 7.

HOMBRE: Radioteléfono StopTaxi le ofrece soluciones para todas sus necesidades de transporte en el área de Madrid. Le aseguramos un servicio puntual, de calidad y eficiente, 3.500 vehículos distribuidos por toda el área de la Comunidad de Madrid.

Su taxi, 24 horas al día y 7 días a la semana. Teléfono Central 24 horas marcando el 91 547 82 00.

(Se repite el audio)

Conteste a la pregunta número 7.

Audio 2

Ahora tiene 10 segundos para leer la pregunta 8.

MUJER: ¿Es posible la vida en la ciudad sin automóviles? **¿Estás preparado para dejar tu coche aparcado al menos durante 24 horas?** El próximo martes se celebra el *Día europeo sin coches.* Para una ciudad sin contaminación... Súbete a la bicicleta o... al transporte público... O muévete a pie...

En nuestra revista *elbarrio.es* te damos las claves para ser solidario ¡¡y dejar bien aparcado tu coche durante un solo día!!

(Se repite el audio)

Conteste a la pregunta número 8.

Audio 3

Ahora tiene 10 segundos para leer la pregunta 9.

HOMBRE: Si te gusta la fotografía, ya puedes participar en el VII Concurso de Fotografía Local Villa de Almenara. Puedes presentar tus fotografías hasta el 4 de septiembre. El tema es el Municipio de Almenara: sus edificios, las fuentes, las calles... y también la actividad de su gente. El premio máximo es de 600 euros. ¡No esperes más y coge tu cámara!

(Se repite el audio)

Conteste a la pregunta número 9.

Audio 4

Ahora tiene 10 segundos para leer la pregunta 10.

MUJER: Desde el 3 de octubre hasta el 9 de noviembre reserva tu entrada al Parque Warner. El precio de adulto, si reservas en la web, es de 29,90 euros y para los niños, 13,90. Descubre en Parque Warner a los mejores y más divertidos personajes de Halloween alrededor de las calles del Parque. ¡Visita nuestra página y aprovecha esta oferta!

(Se repite el audio)

Conteste a la pregunta número 10.

Audio 5

Ahora tiene 10 segundos para leer la pregunta 11.

HOMBRE: Según Transportes, las obras de mejora en el metro de Barcelona obligan a cortes parciales en varias líneas. Se cierra el servicio de la línea 2 entre las estaciones Paralelo y Universidad, del 4 al 24 de agosto, por mejoras en un tramo de 200 metros de longitud del túnel. Para facilitar el viaje en metro, se recomienda a los usuarios utilizar el enlace de la línea 3 entre Paralelo y Paseo de Gracia, y las líneas de autobús 24 y 64.

(Se repite el audio)

Conteste a la pregunta número 11.

Audio 6

Ahora tiene 10 segundos para leer la pregunta 12.

MUJER: Alumnos de 4º y 5º de Primaria del Colegio Público Vicálvaro participaron esta mañana, en el Pabellón Infantil, en un homenaje a Ana María Matute. Todos conocían algún libro de la escritora y también su biografía, y participaron con entusiasmo en el acto, organizado por la editorial Destino, en el que la periodista Lourdes Lancho puso su voz a algunos de los personajes infantiles de sus cuentos.

(Se repite el audio)

Conteste a la pregunta número 12.

PISTA 19

Tarea 3

Instrucciones:

Usted va a escuchar una conversación entre dos amigos, Inés y Paco. Indique si los enunciados (del 13 al 18) se refieren a Inés (A), a Paco (B) o a ninguno de los dos (C). Escuchará la conversación dos veces.

Ahora tiene 30 segundos para leer los enunciados.

PACO: Inés, hola, ¿cómo vas? ¿Has terminado ya el trabajo?

INÉS: La verdad es que no; todavía tengo que buscar algunas imágenes de los paisajes y de algunas calles. Tengo que encontrar cómo representar bien las ciudades y cómo se vive en ellas.

PACO: Si quieres, puedo ayudarte un poco. Tengo muchas fotos que, creo, pueden ser buenas para lo que quieres hacer.

INÉS: Bueno, hablé con Laura hace dos días y ella tiene algunas ideas muy buenas, sobre todo para el tema de Buenos Aires y Bogotá.

PACO: ¿Laura? Hace mucho tiempo que no la veo. ¿Qué tal está?

INÉS: Bien, aunque últimamente la veo bastante desanimada y cansada. Es que tiene mucho trabajo y... también ha estado enferma casi dos semanas, con dolor de espalda y fiebre, casi sin poder moverse de la cama, pero como es tan responsable, ha vuelto al trabajo ya, sin estar bien del todo.

PACO: Oye, ¿y qué pasó con el piso? ¿Lo sigue compartiendo con su hermano? Me acuerdo de los problemas que tenía con él. Es que era un poco egoísta y maleducado, ¿no? Laura es todo lo contrario, tan generosa y educada...

INÉS: Ya no vive con él, se fue a un apartamento y vive sola; yo me alegro porque creo que su estado de ánimo va a mejorar; se siguen viendo, están en contacto... además, se quieren bastante...

PACO: Oye, pues si ves a Laura, dale un beso de mi parte. Entonces... ¿qué hacemos con las fotos? ¿Quieres que te ayude o no?

INÉS: Tú siempre tan amable... Claro que quiero tu ayuda... Y tú... ¿cómo estás? También has pasado una mala temporada, ¿no? Ahora te veo mejor, pero sé que lo has pasado mal...

PACO: Sí, cuando me despidieron del trabajo lo pasé mal y todavía, cuando lo recuerdo, me siento un poco triste, porque fueron buenos tiempos y allí tenía buenos compañeros. Ya sabes que soy una persona amigable... ¡Y optimista! Hace una semana envié mi currículum a una empresa que busca un fotógrafo y creo que voy a tener suerte.

INÉS: Seguro que sí. Bueno, entonces... ¿me ayudas con las fotos?

PACO: Por supuesto, si quieres, quedamos mañana.

INÉS: Mañana no puedo pero podemos vernos el viernes, ahora tengo que irme. Te llamo el jueves y te lo recuerdo, ¿vale?

PACO: De acuerdo, llámame y nos tomamos algo.

(Se repite la conversación)

Conteste ahora a las preguntas.

PISTA 20

Tarea 4

Instrucciones:

Usted va a escuchar ocho mensajes, incluido el ejemplo. Cada mensaje se repite dos veces. Seleccione el enunciado (de la A a la K) que corresponde a cada mensaje (del 19 al 25).

Hay once opciones, incluido el ejemplo. Seleccione siete.

A continuación va a oír un ejemplo.

Mensaje 0

HOMBRE: Hola, Elena, ¿qué tal vas? Estoy un poco preocupado porque ayer te vi bastante triste. No lo pienses mucho, ya sabes que Fabio es un poco loco, seguro que las cosas se arreglan entre vosotros... Bueno, un beso y llámame, por favor.

La opción correcta es la letra A porque le pregunta qué tal va.

Ahora tiene 45 segundos para leer los enunciados.

Mensaje 1

MUJER: ¿Qué tal, Candela? ¡Felicidades! ¡Feliz cumpleaños! Tengo tu llamada perdida... No lo he cogido porque quería llamarte yo para felicitarte... ¡Y ahora no lo coges...! Te vuelvo a llamar luego, tengo que entrar a clase en medio minuto, ¡estoy estudiando otra vez!, creo que no te lo he dicho... Un besazo.

(Se repite el audio)

Elija la opción correcta.

Mensaje 2

HOMBRE: Hola, Antonio, buenas tardes, te llamo para darte los datos que me pediste. Mi teléfono es el 475 68 75 62 y mi segundo apellido es Serrano, López Serrano; el DNI, 1342098-V. Dime cuándo tengo que pasarme por allí. Gracias por tu ayuda.

(Se repite el audio)

Elija la opción correcta.

Mensaje 3

MUJER: Señores clientes, la tienda cierra sus puertas a las nueve, tienen 15 minutos para realizar sus compras. Pasen por las cajas 3 y 5. Si es cliente de *Compra Plus*, no olvide presentar su tarjeta descuento. Gracias.

(Se repite el audio)

Elija la opción correcta.

Mensaje 4

HOMBRE: Buenas tardes, soy el pintor, le llamo para confirmar que el martes próximo voy a su casa. De las dos que me pidió, tiene que ser la pintura más clara. Creo que va a quedar muy bien en el salón y, además le sale más barato. Bueno, le llamo el martes. Adiós.

(Se repite el audio)

Elija la opción correcta.

Mensaje 5

MUJER: Señoras y señores clientes, nuestro supermercado, en este momento, les ofrece grandes ofertas en pollería. No pierda la oportunidad de llevarse un kilo de pechugas de pollo por 3,59 euros y el pollo entero a 1,90 euros el kilo. Muchas gracias.

(Se repite el audio)

Elija la opción correcta.

Mensaje 6

MUJER: Hola, Cristina, soy Andrea, la psicóloga. Quería decirte que la cita de mañana no puede ser. Me ha surgido un viaje mañana mismo y salgo muy temprano. Siento tener que cancelarla casi sin previo aviso. Yo te llamo pasado mañana para ver si podemos quedar el viernes. ¿Te parece? Gracias y disculpa.

(Se repite el audio)

Elija la opción correcta.

Mensaje 7

HOMBRE: ¿Buscas un plan para los fines de semana? Durante el mes de octubre, que todavía hace buen tiempo, toma un refresco o cena a la luz de la luna en las terrazas de Plaza City mientras disfrutas de la mejor música en directo. Un montón de espectáculos al aire libre para las noches de los sábados.

(Se repite el audio)

Elija la opción correcta.

EXAMEN 6

PISTA 21

Nivel A2

Prueba de comprensión auditiva

Escuche con atención todas las instrucciones.

Esta prueba contiene cuatro tareas. Usted debe responder a 25 preguntas.

La duración es de 40 minutos.

Tarea 1

Instrucciones:

Usted va a escuchar seis conversaciones. Escuchará cada conversación dos veces. Después, tiene que contestar a las preguntas (de la 1 a la 6). Seleccione la opción correcta (A, B o C).

A continuación va a oír un ejemplo.

Conversación 0

Va a escuchar a dos personas que se presentan.

MUJER: Hola, soy Judit, la amiga de Rosa.

HOMBRE: Hola, yo soy José Ángel, el amigo de su pareja. Ya me avisó Rosa de tu retraso. ¿Qué le pasó a tu coche?

MUJER: Nada importante, porque lo he llevado al taller y me han dicho que es poca cosa... limpiar algo del motor... A las 5 voy a recogerlo.

HOMBRE: Pues... tomamos un café y hablamos del proyecto..., si te parece.

MUJER: Sí, como quieras. He traído todos los papeles y también los dibujos de Rosa. ¡A mí me han encantado!

HOMBRE: ¿Cómo conociste a Rosa? Mi amistad con ella es muy larga y nunca había oído hablar de ti. Cuéntame un poco..., mientras tomamos el café... Y luego... revisamos los dibujos.

Conteste a la pregunta: ¿Dónde ha estado antes Judit?

La opción correcta es la letra C. En un taller de coches.

Ahora va a escuchar las seis conversaciones.

Conversación 1

Va a escuchar a un hombre hablar con su vecina.

HOMBRE: Buenos días, Susana. ¿Ya has vuelto de tu viaje?

MUJER: Sí, volví anteayer. Preparada ya para el trabajo, mañana empiezo.

HOMBRE: ¿Y qué te ha parecido Estambul? Es bonito, ¿no?

MUJER: Me ha encantado. La ciudad es impresionante, no solo por las mezquitas y los monumentos, también por la gente y el bullicio de las calles.

HOMBRE: Sí. Yo estuve hace 8 años, y volvería otra vez. Lo malo es que no sé cuándo tendré esa oportunidad de nuevo... La comida fue lo mejor para mí.

MUJER: Pues hazlo en cuanto puedas. A mí el vuelo no me costó mucho; si coges el billete con tiempo, ya sabes, sale bastante bien de precio. No lo dejes, "poder es querer".

(Se repite la conversación)

Conteste a la pregunta número uno: ¿Qué le gustó más al hombre de su viaje?

Conversación 2

Va a escuchar a una pareja hablar de su hijo Daniel.

MUJER: Entonces, ¿qué te parece el piso de Daniel?

HOMBRE: No me gusta nada el piso; sus compañeros me parecen agradables, simpáticos... pero el piso está realmente mal. Es muy viejo y además tiene pocos muebles.

MUJER: Sí, creo que podemos ayudarle a encontrar un piso compartido en mejores condiciones. De hecho, ya he estado mirando alquileres en internet y he seleccionado un piso que me parece que está muy muy bien.

HOMBRE: Pienso que lo más importante es tener calefacción, una cama con un buen colchón y luz natural en la habitación.

MUJER: Justo este que te digo yo, lo tiene. La habitación es exterior, tiene calefacción y está bien situado, muy cerca del centro. Además la cocina es americana y eso permite unos dormitorios más grandes, porque la casa solo tiene 50 metros cuadrados y sería para compartir tres estudiantes.

(Se repite la conversación)

Conteste a la pregunta número dos: ¿Cómo será el nuevo dormitorio del hijo?

Conversación 3

Va a escuchar a un hombre hablar con la empleada de una empresa.

HOMBRE: Buenos días, ¿podría hablar con Recursos Humanos?

MUJER: Lo siento, la Sra. García está muy ocupada. Tiene usted que pedir una cita. Si me dice su nombre y teléfono, tomo nota y le aviso de la cita.

HOMBRE: La verdad es que lo que me interesaba, era dejar personalmente mi currículum en esta empresa... y no sé si podré venir otro día.

MUJER: Entiendo. Le conviene entregarlo pronto porque estos días están seleccionando personal para algunos puestos de trabajo.

HOMBRE: ¿Y sabe usted qué es lo que necesitan?

MUJER: Puede ver todas las ofertas en nuestra web, pero las entrevistas de ayer fueron para contratar a dos enfermeros y mañana hay varias citas para jardinero y electricista.

(Se repite la conversación)

Conteste a la pregunta número tres: ¿Qué profesionales ya han tenido entrevistas de trabajo?

Conversación 4

Va a escuchar la conversación de unos amigos en una tienda de ropa.

MUJER: Vicente, me gusta esta ropa y necesito comprarme unos pantalones y una chaqueta.

HOMBRE: Pues míralo. Ahí tienes muchos vaqueros, vamos a ver el precio.

MUJER: La verdad es que no buscaba vaqueros. Necesito ropa más formal, que todo lo que tengo está muy viejo.

HOMBRE: Mira esas faldas y pantalones de rayas, ¿te gustan? Hay muchos colores.

MUJER: A ver... Sí, los pantalones no están mal. Voy a probarme estos rojos con rayas.

HOMBRE: Si te gustan, te los regalo por tu cumpleaños.

MUJER: ¡Qué ilusión!, muchas gracias. Y así yo me compro la chaqueta y... una falda o... ¡no!, mejor unos zapatos. ¡Ayúdame a elegir unos con un buen tacón!

(Se repite la conversación)

Conteste a la pregunta número cuatro: ¿Qué le va a regalar a la mujer su amigo?

Conversación 5

Va a escuchar a un hombre hablar con su cuñada mientras desayunan.

HOMBRE: Marisa, no has probado las tostadas... ¿Con un poco de mermelada de naranja?

MUJER: No, gracias, ya he comido bastante. El bizcocho estaba buenísimo. Pero me voy a servir otro café.

HOMBRE: Ponme a mí también un poco más de café para terminar estas magdalenas por favor. ¿Sabes?, he pensado que estaría fenomenal juntarnos en mi casa estas Navidades. Seguro que mi hermano coge vacaciones, ¿no?

MUJER: Sí, claro, tiene una semana, y yo también, pero pensábamos ir unos días a un balneario y dejar a los niños con los abuelos, hace mucho que no están juntos.

HOMBRE: Bueno, pues podéis repartir los días y veniros aquí para la cena de Nochevieja. Coméntaselo a Juan, yo creo que a él le gustará la idea.

MUJER: Yo se lo digo, pero habla tú con él también y preparamos entre todos la cena del 31. Mis hijos, encantados de estar aquí otra vez con sus primas.

(Se repite la conversación)

Conteste a la pregunta número cinco: ¿Qué ha desayunado la mujer?

Conversación 6

Va a escuchar a un hombre que habla con una empleada del Ayuntamiento.

MUJER: Hola, Ayuntamiento de A Coruña.

HOMBRE: Hola, buenos días. Quería información sobre el alquiler de bicicletas. Estoy interesado en alquilar una bici, pero no he podido consultar la web del Ayuntamiento... ¿Puede explicarme brevemente los requisitos para alquilar las bicis? Yo soy de A Coruña.

MUJER: Sí, si usted es residente aquí, entonces puede usar el servicio. Tiene que inscribirse. Tiene que presentar su solicitud con una fotocopia del DNI y un recibo de luz o de agua o de cualquier gasto de su casa... para comprobar el domicilio.

HOMBRE: ¿Es suficiente con una fotocopia? ¿No es necesario el original?

MUJER: No, con una fotocopia es suficiente. Puede inscribirse aquí, en la oficina, de lunes a jueves, de diez a dos. También puede registrarse por internet y enviar los documentos escaneados.

(Se repite la conversación)

Conteste a la pregunta número seis: ¿Qué documento le piden al hombre para justificar su domicilio?

PISTA 22

Tarea 2

Instrucciones:

Usted va a escuchar seis anuncios de radio y tiene que responder a seis preguntas. Cada audición se repite dos veces. Lea las preguntas (de la 7 a la 12) y seleccione la opción correcta (A, B o C).

A continuación va a oír un ejemplo.

Audio 0

HOMBRE: *Flamenco On Fire* regresa a Pamplona del 22 al 30 de agosto para convertir a la ciudad en un punto de encuentro para los grandes artistas y amantes del flamenco. Diez conciertos y espectáculos de baile del flamenco más puro y también del más moderno. Además, vuelven los talleres, conferencias y documentales sobre Arte Flamenco y una Ruta gastronómica con los mejores cocineros de la ciudad.

Conteste a la pregunta número 0.

La opción correcta es la letra C porque se anuncian diez conciertos y espectáculos de baile flamenco.

Audio 1

Ahora tiene 10 segundos para leer la pregunta 7.

MUJER: En *Agencia Baco*... Descubre nuestras escapadas y viajes gastronómicos. Escapadas para unir gastronomía, cultura y diversión. Te ofrecemos una amplia selección de ofertas para tus itinerarios: hoteles donde probar los mejores vinos, visitas a bodegas impresionantes, vinoterapia, spas, bodegas centenarias.... Mucho más que vino en tu Agencia Baco.

(Se repite el audio)

Conteste a la pregunta número 7.

Audio 2

Ahora tiene 10 segundos para leer la pregunta 8.

HOMBRE: El Centro de Arte Reina Sofía trae este mes a sus salas la exposición itinerante del artista colombiano Fernando Botero. Del 22 de junio al 15 de agosto podemos ver sus "Pinturas, Dibujos y Esculturas". El Edificio Sabatini abre sus puertas a este artista internacional todos los días, excepto martes, con la noticia de que temporalmente la venta de entradas es solo en taquilla.

(Se repite el audio)

Conteste a la pregunta número 8.

Audio 3

Ahora tiene 10 segundos para leer la pregunta 9.

MUJER: En los conciertos del ciclo *El arte de la guitarra española*, te invitamos a disfrutar de una exquisita selección musical en uno de los rincones más especiales de Barcelona. En un ambiente muy íntimo, la preciosa Iglesia de Santa Anna, estos conciertos de guitarra española te acercan a grandes autores e intérpretes reconocidos mundialmente. Reserva ya: un aperitivo en compañía de los artistas te espera al finalizar el concierto.

(Se repite el audio)

Conteste a la pregunta número 9.

Audio 4

Ahora tiene 10 segundos para leer la pregunta 10.

HOMBRE: Como cada año, Madrid celebra en la tarde del 31 de diciembre la tradicional carrera de San Silvestre, que cada vez tiene mayor apoyo y participación popular. Y es que no hay una manera más sana y divertida de despedirse del año viejo y dar la bienvenida al nuevo. ¿Estás preparado para correr los 10 kilómetros? Seguro que sí, inscríbete en la web de sansilvestrevallecana.com.

(Se repite el audio)

Conteste a la pregunta número 10.

Audio 5

Ahora tiene 10 segundos para leer la pregunta 11.

MUJER: Los cantautores argentinos Rafael Amor y Salvador Amor, padre e hijo, se juntan en un concierto que une generaciones. El primero es autor de "No me llames extranjero"; su hijo Salvador escribe y canta con una bella voz y un sentimiento más bello aún. Podemos verlos en Santander, el próximo 27 de octubre. Reservas en el teléfono 942 18 27 39.

(Se repite el audio)

Conteste a la pregunta número 11.

Audio 6

Ahora tiene 10 segundos para leer la pregunta 12.

HOMBRE: ¿Cenas al aire libre "con vistas a la historia"? La compañía Paradores ha elegido agosto como el mes del Patrimonio y ha diseñado una agenda de actividades para los clientes que quieren disfrutar en primera persona del patrimonio histórico-artístico que rodea estos establecimientos. Entre los Paradores que ofrecen estas magníficas cenas, están los de Toledo, Cuenca y Segovia.

Infórmate en el teléfono 902 77 00 25.

(Se repite el audio)

Conteste a la pregunta número 12.

PISTA 23

Tarea 3

Instrucciones:

Usted va a escuchar una conversación entre dos amigos, Sara y Álex. Indique si los enunciados (del 13 al 18) se refieren a Sara (A), a Álex (B) o a ninguno de los dos (C). Escuchará la conversación dos veces.

Ahora tiene 30 segundos para leer los enunciados.

SARA: Álex, ¿sabes?, ya he visto el Programa Cultural, lo tengo aquí, y parece que hay algunas cosas interesantes. He visto un concierto de Julieta Venegas, la cantante mexicana que me gusta tanto. ¿Qué te parece?

ÁLEX: Sí, a mí también me gusta Julieta Venegas. Podemos comprar las entradas. ¿Crees que todavía hay tiempo? ¿Para cuándo es el concierto?

SARA: A ver... Sí, es el día 22 de marzo. A las nueve de la noche, sábado.

ÁLEX: ¿Y cuánto cuesta? Porque últimamente he tenido muchos gastos...

SARA: Aquí pone que son 60 euros. Un poco cara, ¿no...? Pero es que es Julieta Venegas... A lo mejor hay algún tipo de descuento... Aquí no dice nada, pero podemos llamar para preguntar.

ÁLEX: ¿Vas a comprarlas tú o lo hago yo? ¿Por internet podemos?

SARA: Sí, en la página web del organizador se hace la reserva y se paga la entrada. Ah, mira, se puede pagar el 50 % con la reserva y una semana antes del espectáculo, el resto.

ÁLEX: Pues mejor, lo hacemos así si te parece. ¿Y si pagas ahora tú las dos reservas y en marzo pago yo la otra mitad? Para mí es mejor.

SARA: Sí, no hay problema, pero tenemos que hacerlo rápido. Mañana lo hago en casa, prefiero con el ordenador porque en este móvil no me funciona bien internet.

ÁLEX: Pues yo no tengo mi móvil. Está en el coche. Voy a por él.

SARA: No, no te preocupes, mejor mañana; así tengo tiempo para llamar tranquilamente y preguntar por los descuentos... si hay alguno, que parece que no.

ÁLEX: Oye, ¿y dónde es el concierto? No lo hemos mirado.

SARA: Sí, yo sí; es en la Sala 33, donde vimos a Pedro Iturralde, ¿te acuerdas?

ÁLEX: Sí, claro, lo recuerdo perfectamente. Ha sido una de las mejores actuaciones que he visto en mi vida. ¡Cómo toca el saxo!

SARA: Fuimos con Alberto y Víctor, ¿no?, cada día tengo menos memoria y eso es del estrés...

ÁLEX: Pues sí, fuimos con ellos, en el cumpleaños de Víctor, hace dos años.

SARA: Ah, sí, es verdad. Ya me acuerdo, sí. ¿Qué hacemos? ¿Nos vamos ya?

ÁLEX: Sí, vámonos.

(Se repite la conversación)

Conteste ahora a las preguntas.

PISTA 24

Tarea 4

Instrucciones:

Usted va a escuchar ocho mensajes, incluido el ejemplo. Cada mensaje se repite dos veces. Seleccione el enunciado (de la A a la K) que corresponde a cada mensaje (del 19 al 25).

Hay once opciones, incluido el ejemplo. Seleccione siete.

A continuación va a oír un ejemplo.

Mensaje 0

HOMBRE: Buenas tardes, nos ponemos en contacto contigo para invitarte a asistir al II Encuentro Intercultural "Danzas por la Hispanidad", el próximo sábado, día 10 de octubre, a las 18 h. en la Casa de la Cultura, C/ San Antón, nº 46. Por favor confirma tu asistencia en el teléfono 287498403. Gracias.

La opción correcta es la letra A porque le invitan a asistir al II Encuentro Intercultural.

Ahora tiene 45 segundos para leer los enunciados.

Mensaje 1

MUJER: Hola, Manuel, ¿has reservado ya nuestro viaje? He mirado en algunas agencias y hay muchas ofertas para Marruecos. Ya sé que tú prefieres Estambul pero podemos hablarlo otra vez y ver qué es mejor, ¿no? A ver qué te parece... Chao.

(Se repite el audio)

Elija la opción correcta.

Mensaje 2

HOMBRE: Buenos días, le llamo de la inmobiliaria. Es para comunicarle que tenemos un piso en alquiler que puede interesarle. El piso está en la c/ Buenaventura 5. Las características y el precio son las que usted quería. Vuelvo a llamarle de todas formas o pásese por la oficina esta tarde a última hora. Gracias.

(Se repite el audio)

Elija la opción correcta.

Mensaje 3

MUJER: Atención señores viajeros. Se avisa a los viajeros del tren de cercanías Málaga- Fuengirola que se va a suprimir el tren de las 5:50 a partir de mañana. Perdonen las molestias. Pueden pasar por Información para recoger los nuevos horarios. Gracias.

(Se repite el audio)

Elija la opción correcta.

Mensaje 4

HOMBRE: Hola, Lucía, soy Miguel, el profesor de lengua. Te llamo porque no va a ser posible darte las clases en mi casa y quería saber si es posible en la tuya. No voy a cobrarte el desplazamiento, así que dime si te parece bien así. Espero tu llamada, hasta luego.

(Se repite el audio)

Elija la opción correcta.

Mensaje 5

MUJER: Señores clientes, en supermercados Angui, les preparamos las mejores ofertas en carnicería y pescadería. Esta semana si compran medio salmón o uno entero, es más barato, 5 euros el kilo. Y el cordero a un precio increíble también, 9 euros el kilo. Además le regalamos una botella de cava valorada en 6,75 euros.

(Se repite el audio)

Elija la opción correcta.

Mensaje 6

HOMBRE: Hola, oye que mañana me voy a mi pueblo a pasar el fin de semana y a lo mejor puedes venirte conmigo. No te he avisado antes porque lo he decidido de repente esta misma tarde, así que llámame y, por favor, dime que sí. Prefiero ir contigo. Llámame lo antes posible.

(Se repite el audio)

Elija la opción correcta.

Mensaje 7

MUJER: ¡El Club de la Tierra te desea Felices Fiestas y Año Nuevo! Hemos preparado las mejores actividades para los niños. Desde el 21 de diciembre hasta el 6 de enero tenemos teatro, cine, cuentos, talleres, juegos y competiciones deportivas. Todas las actividades se realizan en la plaza a partir de las 16 horas. Y la noche del 5 de enero, a partir de las ocho y media, nos vemos en la tradicional Cabalgata de los Reyes Magos. ¡No lo olvides! ¡Te esperamos!

(Se repite el audio)

Elija la opción correcta.